Das ZAUBERHAFTE KOCHBUCH

Disney

Das ZAUBERHAFTE KOCHBUCH

Thibaud VILLANOVA

Fotografien: Nicolas LOBBESTAËL
Styling: Soizic CHOMEL DE VARAGNES

riva

»Denkt euch was ganz Feines aus, fliegt mit in die Welt hinaus …«

PETER PAN (1953)

Nie hätte ich mir träumen lassen, einmal die Chance zu erhalten, eine Sammlung mit Rezepten aus der großen, fabelhaften Walt-Disney-Welt zu kreieren.

Ich habe zwar schon früher Rezepte für Fantasiewelten entwickelt, aber nie zuvor habe ich dabei eine so große Verantwortung empfunden wie bei diesen Rezepten zu Disney-Filmen.

Wie bei so vielen anderen Menschen reicht meine emotionale Beziehung zu den Disney-Animationsfilmen weit in meine Kindheit zurück. Sie begann lange bevor ich mir dessen richtig bewusst war, lange bevor ich Begriffe wie Popkultur kannte und verstand.

Seit ich denken kann, gehört Disney zu meinem Leben. Ich weinte im Kino Tränen der Angst bei *Taran und der Zauberkessel*. Die jeweiligen Kinderbücher mochte ich kaum aus der Hand legen – ich besitze immer noch mein Exemplar von *Basil, der große Mäusedetektiv*. Und beim ersten Kinobesuch mit Schulfreunden lief der *König der Löwen*. Wenn ich es mir recht überlege, stammen seit der Geburt meines Sohnes die einzigen Lieder, die mir automatisch einfallen, wenn ich ihn beruhigen oder zum Lächeln bringen will, aus *Aladdin* oder *Die Schöne und das Biest*.

Es ist immer eine besondere Herausforderung, für einen schon vorhandenen Kontext etwas Originelles zu schaffen. Man muss die Begriffe und Bilder der ursprünglichen Schöpfer kennen, aber auch das umfassende Wissen der Fans berücksichtigen. Für mich bedeutete das, eine bestimmte Idee, eine Atmosphäre oder eine ganze Welt auf den Teller zaubern zu wollen. Zum Glück gibt es in jedem Film eine Figur, die bereit ist, ein fabelhaftes Gericht zu probieren, zu servieren oder zu kochen! So etwa Geppetto und sein bescheidenes Festmahl, das er zur Feier von Pinocchios erstem Schultag auf den Tisch bringt, oder die Gerichte, die Lumière Belle in seinem fröhlichen Lied beschreibt. Ich denke auch an Abuelitas Tamales, bei denen Miguel einfach nicht Nein sagen kann, obwohl er satt ist, oder an Little Johns Eintopf, der so scharf ist, dass er Bruder Tucks Gaumen verbrennt. Und natürlich fällt mir auch Rémy ein, der kleine Koch mit der spitzen Schnauze, dessen Ratatouilles eine Hommage an die französische Küche sind.

Meiner Meinung nach ist es in einer perfekten Fantasiewelt wichtig, dass auch der Alltag und die kleinen Freuden ihrer Helden gezeigt werden. Wie wir essen auch die Figuren in diesen wunderbaren Geschichten, und wie manche von uns sind sie bisweilen unersättlich.Seit 1937 der Disney-Film *Schneewittchen und die sieben Zwerge* in die Kinos kam, wird diese Regel eingehalten, und als Koch freue ich mich darüber sehr.

Wenn du schon immer wissen wolltest, wie ein bestimmtes Gericht aus einem Disney-Film schmecken könnte, dann hältst du das richtige Buch in der Hand. Mit viel Liebe und Leidenschaft habe ich mich bemüht, ein möglichst umfangreiches und werkgetreues Kochbuch zu den Animationsfilmen der Walt Disney Studios zu verfassen, angefangen bei *Schneewittchen und die sieben Zwerge* bis hin zu *Ralph reichts*.

In diesem Buch habe ich versucht, mit köstlichen, authentischen Rezepten aus hochwertigen Zutaten kulinarische Fantasiewelten zu entwickeln – Gerichte in einer zauberhaften Präsentation, die mein Team und ich uns jeweils passend ausgedacht haben.

Wie Gusteau in *Ratatouille* zu Rémy sagt: »Jeder kann kochen!« Diese Maxime ist mir wichtig, daher sind die Rezepte auch so konzipiert, dass sie leicht nachzukochen sind. Und damit du auf deiner kulinarischen Reise durch die Fantasiewelt nicht ins Stocken gerätst, findest du zwischen den Rezepten viele praktische Tipps und Tricks.

Am Ende meines Vorworts bleibt mir nur, dir viel Spaß beim Lesen und natürlich einen guten Appetit zu wünschen!

Thibaud Villanova
Gastronogeek

INHALT

DIE PRINZESSINNEN

Die Küche der alten Welt

INHALT

GERICHTE AUS ALLER WELT

Märchenländer und andere verzauberte Welten

UTENSILIEN

Handmixer
Standmixer
Stieltopf
Spitzsieb
Schmortopf
Teigschaber
Küchenmesser
Kochmesser
Rührschüssel
Sterntülle
Sparschäler
Durchschlag
Torten-/Dessertring
Großer Topf
Schneebesen
Kelle
Teigspatel
Pürierstab
Gugelhupfform

Springform

Souffléform

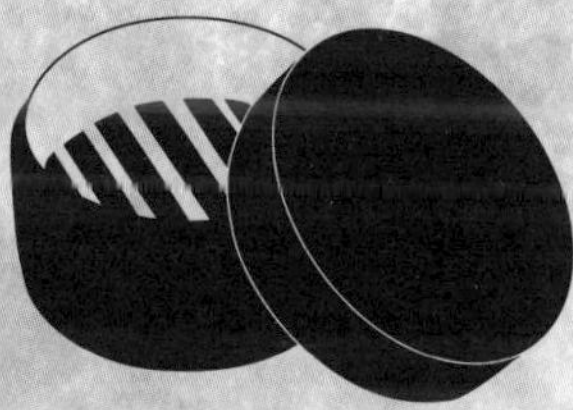
Dämpfkorb

Backpinsel

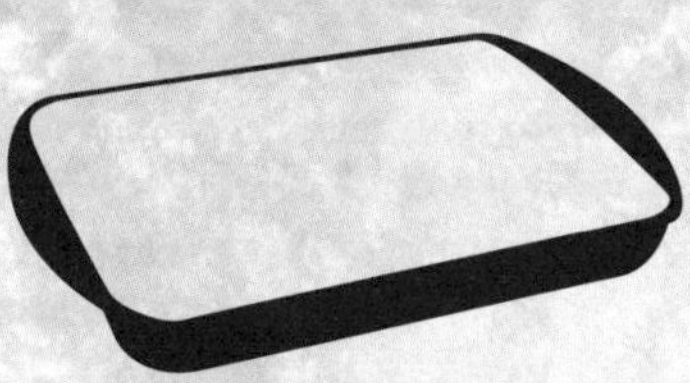
Backblech

Tarteform

Spritzbeutel

Bratpfanne

Reiskocher

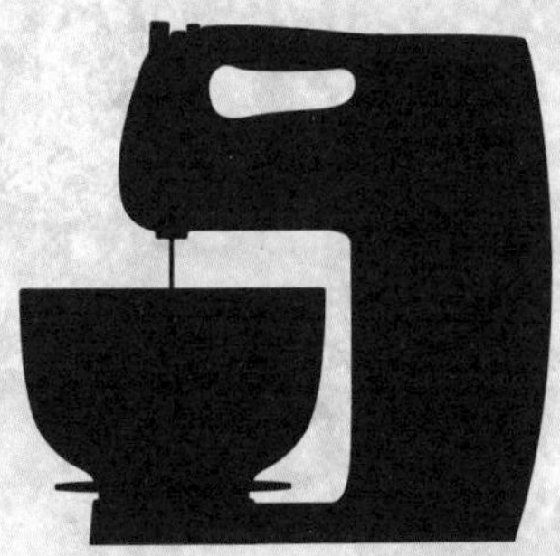
Küchenmaschine

Teigroller

Palette

Holzspatel

Küchenthermometer

Zitrusreibe

DIE PRINZESSINNEN

FRÜHSTÜCKS-CONGEE

REISBREI MIT SPIEGELEIERN UND RÄUCHERSPECK

LEVEL:

VORBEREITUNGSZEIT: 20 MIN.

GARZEIT: 50 MIN.

1 *Congee ist ein chinesischer Reisbrei. In* Mulan *bereitet Mushu für die junge Kriegerin ein Spezialrezept zu, das ich hier nachempfunden habe.*

2 Zuerst den Reisbrei zubereiten. Dazu Zitronengras, Ingwer und Knoblauch (ungeschält) mit der Breitseite eines Kochmessers zerdrücken und in einen großen Topf geben. Die Gemüsebrühe zugießen, zum Kochen bringen und dann den Rundkornreis einrühren.

3 Bei starker Hitze 3 Minuten unter ständigem Rühren kochen, dann Hitze reduzieren und Reis 35 Minuten köcheln lassen.

4 In der Zwischenzeit die Erdnüsse grob zerkleinern, den Pilz putzen und in dünne Scheiben schneiden. Die Petersilie waschen und hacken. Zur Seite stellen.

Den Speck in eine kalte Pfanne ohne Fett legen und bei starker Hitze 3–5 Minuten braten, dabei regelmäßig wenden. Aus der Bratpfanne nehmen. Die gehackten Erdnüsse und die Pilzscheiben in das Bratfett geben. 2 Minuten braten, dann auf Küchenpapier abtropfen lassen.

ZUTATEN
FÜR 1 PERSON

1 Stängel Zitronengras
2 cm frischer Ingwer
1 Knoblauchzehe (ungeschält)
800 ml Gemüsebrühe (siehe Seite 80)
80 g Rundkornreis
20 g ungesalzene Erdnusskerne
1 großer Champignon
einige Blätter Petersilie
1 dicke Scheibe geräucherter Bauchspeck
Pflanzenöl
2 kleine Eier
Salz und Pfeffer

5

Etwas Pflanzenöl in eine andere Bratpfanne geben und auf hoher Stufe erhitzen. Die beiden Eier in die Pfanne aufschlagen. Wenn das Eiweiß undurchsichtig wird, leicht salzen und pfeffern. Dann die Pfanne vom Herd nehmen.

6

Den Reis in einem Durchschlag abtropfen lassen. Ingwer, Knoblauch und Zitronengras herausnehmen, dann den Reis mit einer Gabel zu einem Porridge zerdrucken.

Anrichten: Den Reisbrei in eine Schüssel füllen. Den gebratenen Speck wie einen lächelnden Mund darauflegen. Die Erdnuss-Champignon-Mischung auf dem Reis verteilen und die Spiegeleier als Augen daraufsetzen. Alles mit Petersilie bestreuen und sofort servieren.

MAIS AUS DER NEUEN WELT

GEGRILLTE MAISKOLBEN MIT AHORNSIRUP

LEVEL:

VORBEREITUNGSZEIT: 10 MIN.

GARZEIT: 25 MIN.

ZUTATEN

FÜR 4 PERSONEN

4 frische Bio-Maiskolben
8 hauchdünne Scheiben geräucherte Entenbrust
Ahornsirup

Dieses Rezept für gegrillten Mais ist eine Hommage an die Küche des Stammes der Powhatan – Mais ist die goldene Zutat, die Pocahontas im Zeichentrickfilm mit John Smith teilt.

1 Den Backofen auf 180 °C Ober-/Unterhitze vorheizen.

2 Reichlich Salzwasser in einem großen Topf zum Kochen bringen. Die Blätter von den Maiskolben entfernen. Maiskolben in den Topf geben und 10 Minuten kochen.

3 Dann herausheben und abtrocknen. Das untere Ende jedes Maiskolbens mit 2 Scheiben geräucherter Entenbrust umwickeln, dann mit einem Backpinsel Ahornsirup auf Maiskolben und Entenbrust streichen.

4 Die Maiskolben auf den Ofenrost legen und 15 Minuten im Ofen garen. Dabei mehrmals wenden und alle 5 Minuten dünn mit Ahornsirup einpinseln, bis die Maiskolben schön glänzen.

5 Die süß-salzigen Maiskolben heiß servieren.

MUTTER GOTHELS SUPPE

PASTINAKENSUPPE MIT HASELNÜSSEN

LEVEL:

VORBEREITUNGSZEIT: 15 MIN.

GARZEIT: 50 MIN.

ZUTATEN
FÜR 4 PERSONEN

60 g Haselnusskerne
2 große Pastinaken
2 Schalotten
1 große Kartoffel (mehligkochend)
Olivenöl
Salz
1 Prise gemahlene Muskatnuss
750 ml Gemüsebrühe (siehe Seite 80)
einige Blätter glatte Petersilie
Pfeffer aus der Mühle
Trüffelöl

Wenn sich Rapunzel die Einsamkeit in ihrem Turm und die Langeweile vertreiben will, kocht sie manchmal. Das gilt auch für Mutter Gothel, die für das Mädchen eine Haselnusssuppe zubereitet. Im Film sieht man, dass die Hexe auch Pastinaken in ihrem Korb hat.

1 Den Backofen auf 180 °C Ober-/Unterhitze vorheizen.

2 Die Haselnüsse auf einem Backblech verteilen und 15 Minuten im Ofen rösten, dabei alle 5 Minuten einmal durchrühren. Die gerösteten Haselnüsse auf ein sauberes Geschirrtuch legen und zur Seite stellen.

3 Für die Suppe die Pastinaken schälen und in 2 mm große Würfel hacken. Die Schalotten abziehen und fein hacken. Die Kartoffel schälen und in große Würfel schneiden.

4 Etwas Olivenöl in einem großen Topf auf mittlerer Stufe erhitzen. Die gehackten Schalotten darin einige Minuten glasig dünsten, aber nicht bräunen. Die Gemüsewürfel zufügen und 3 Minuten mitbraten. Mit Salz und Muskatnuss würzen und mit der Gemüsebrühe ablöschen. Suppe zum Kochen bringen, dann 25 Minuten köcheln lassen. Wenn das Gemüse weich ist, den Topf vom Herd nehmen und die Suppe mit einem Stabmixer glatt pürieren.

5 Die Zipfel des Geschirrtuchs mit den Haselnüssen anheben und aus dem Tuch ein Bündel formen. Die Haselnüsse kräftig aneinanderreiben, um die Häute zu lösen. Wenn alle Häute entfernt sind, die Nusskerne grob hacken.

Anrichten: Die Pastinakensuppe in Schalen oder tiefe Teller füllen. Mit etwas Pfeffer aus der Mühle bestreuen, mit einigen Tropfen Trüffelöl beträufeln und mit den Haselnüssen und den gewaschenen Petersilienblättern bestreuen. Sofort servieren.

MITTERNACHTSSUPPE

KÜRBISSUPPE MIT ESSKASTANIEN UND MANDELN

LEVEL:

VORBEREITUNGSZEIT: 20 MIN.

GARZEIT: 45 MIN.

1 *Diese cremige Kürbissuppe ist eine Hommage an die märchenhafte Kutsche, die Cinderella nach dem Ball nach Hause bringt!*

2 Den Backofen auf 180 °C Ober-/Unterhitze vorheizen.

3 Den Kürbis waschen und abtrocknen. Mit einem Messer einen Deckel abschneiden, dann die Kerne herausschaben. Das Innere des Kürbisses und die Schnittfläche des Deckels mit Olivenöl einpinseln und leicht salzen.

4 Kürbis und Deckel auf ein Backblech setzen. Die Haselnüsse in einer Schicht auf einem zweiten Backblech verteilen. Beide Bleche in den Ofen schieben. Die Haselnüsse 15 Minuten rösten, dann aus dem Ofen nehmen. Den Kürbis 40 Minuten backen und mit Alufolie abdecken, wenn er braun zu werden beginnt.

5 In der Zwischenzeit das Gemüse für die Suppe vorbereiten. Reichlich Salzwasser in einem Topf zum Kochen bringen, die Esskastanien hineingeben und in 15 Minuten weich garen. Danach aus dem Wasser nehmen und in eine Schüssel legen.

6 Die Kartoffeln schälen und in 2 mm große Würfel schneiden. Den Lauch waschen und in dünne Ringe schneiden. Die Zwiebel abziehen und fein hacken.

Etwas Olivenöl in einem großen Topf auf mittlerer Stufe erhitzen. Zwiebel und Lauch darin in 2 Minuten glasig dünsten. Die Kartoffelwürfel zugeben, 2 Minuten mitbraten, dann alles mit der Gemüsebrühe ablöschen.

ZUTATEN
FÜR 4 PERSONEN

1 mittelgroßer Kürbis
Olivenöl
Salz
12 g Haselnusskerne
200 g geschälte Esskastanien
3 große Kartoffeln (mehligkochend)
1 Stange Lauch (nur der weiße Teil)
1 große Zwiebel
1 ½ l Gemüsebrühe *(siehe Seite 80)*
Pfeffer aus der Mühle
250 ml Mandeldrink
½ Bund glatte Petersilie

7

Die Suppe bei starker Hitze zum Kochen bringen, Temperatur reduzieren und Suppe 15 Minuten köcheln lassen. Wenn das Gemüse weich ist, die Suppe durch ein Sieb abgießen und dabei die Kochflüssigkeit auffangen.

8

Gemüse zu den Esskastanien geben, mit dem Stabmixer pürieren und mit Salz und Pfeffer abschmecken. Das Püree wieder in den Topf geben.

9

Den Kürbis aus dem Ofen nehmen und vorsichtig aushöhlen, dabei die Schale nicht verletzen. Das Kürbisfruchtfleisch zum Gemüsepüree geben und den Mandeldrink zugießen. Alles mit dem Stabmixer glatt pürieren. Wenn die Suppe zu dick ist, mit aufgefangener Kochflüssigkeit verdünnen. Die Suppe abschmecken und kurz erwärmen.

Anrichten: Die heiße Suppe in den ausgehöhlten Kürbis füllen. Mit gewaschener, gehackter Petersilie und gehackten Haselnüssen bestreuen.

SOUFFLÉ À LA LUMIÈRE

TRADITIONELLES KÄSESOUFFLÉ

In Die Schöne und das Biest *gibt es allerlei Köstlichkeiten, die während Lumières Lied »Sei hier Gast« an Belle vorbeidefilieren: Rindsragout, ein Soufflé – sicherlich der französische Klassiker mit Käse – und ein Pudding en flambé.*

LEVEL:

VORBEREITUNGSZEIT: 20 MIN.

GARZEIT: 25 MIN.

ZUTATEN

FÜR 4 PERSONEN

75 g Butter
50 g Weizenmehl
500 ml Milch
5 Eigelb, verquirlt
Salz
gemahlene Muskatnuss
150 g Comté, gerieben
8 Eiweiß
1 EL Speisestärke

1 Den Backofen auf 180 °C Ober-/Unterhitze vorheizen.

2 Zunächst eine Béchamelsauce zubereiten: Dazu 50 g Butter in einem Topf bei mittlerer Hitze zerlassen. Das Mehl einrühren und 5 Minuten bei schwacher Hitze anschwitzen, aber nicht bräunen. Langsam und unter ständigem Rühren die Milch zugießen und Sauce 3 Minuten bei schwacher Hitze köcheln lassen. Das Eigelb nach und nach einrühren. Sauce mit Salz und Muskatnuss würzen. Den geriebenen Käse untermischen und unter Rühren schmelzen.

3 Die restliche Butter in einem kleinen Topf bei geringer Hitze zerlassen. 4 Souffléformen mit der Butter einfetten, dann an einen kühlen Platz stellen. Wenn der Butterfilm fest ist, den Vorgang wiederholen.

4 Das Eiweiß mit 1 Prise Salz in eine Schüssel geben und mit dem Handmixer zu Eischnee schlagen, dabei langsam die Speisestärke einrieseln lassen. Den Eischnee unter die Käsesauce heben. Die Formen zu drei Viertel mit der Masse füllen und Soufflés 15 Minuten im Ofen backen.

5 Die Soufflés aus dem Ofen nehmen und sofort servieren, solange sie noch schön aufgegangen sind.

KAISERLICHE GYOZA

GEDÄMPFTE TEIGTASCHEN

LEVEL:

VORBEREITUNGSZEIT: 10 MIN.

WARTEZEIT: 30 MIN.

GARZEIT: 30 MIN.

ZUTATEN

FÜR 4 PERSONEN

1 Karotte
1 Knoblauchzehe
2 cm frischer Ingwer
50 g Sojasprossen
200 g geschälte rosa Garnelen
200 g Schweinehackfleisch
1 Ei
1 TL schwarzes Sesamöl
Salz und Pfeffer
1 Handvoll Thai-Basilikum-Blätter
1 Handvoll Korianderblätter
Olivenöl
Gyoza-Teigblätter
schwarzer Essig

Gedämpfte Teigtaschen oder Gyoza sind ein Klassiker der chinesischen Küche. Im Film ist zu sehen, wie Mulans Vater Fa Zhou sie verspeist. Dies ist ein Rezept mit einer köstlichen Füllung aus Schweinefleisch.

1

Zuerst die Füllung vorbereiten. Die Karotte schälen und fein raspeln. Knoblauch und Ingwer schälen und hacken. Sojasprossen und Garnelen hacken. Alles in eine Rührschüssel geben. Schweinehackfleisch, Ei und schwarzes Sesamöl zufügen. Leicht salzen und pfeffern. Alles zu einer homogenen Masse vermengen. Basilikum und Koriander waschen, fein hacken und unter die Füllung mischen. Die Masse 30 Minuten in den Kühlschrank stellen.

2

Nach der Ruhezeit reichlich Wasser in einem Topf zum Kochen bringen und einen Dämpfkorb daraufsetzen: Den Korb mit etwas Olivenöl einpinseln, damit die Teigtaschen beim Garen nicht zusammenkleben.

3

Nun die Teigtaschen zubereiten. 1 Gyoza-Blatt auf die Arbeitsfläche legen und den Rand mit etwas Wasser einpinseln. 1 TL Füllung in die Mitte setzen, das Teigblatt zusammenklappen, sodass ein Halbmond entsteht, und die Ränder gut festdrücken. Vorgang wiederholen, bis die Füllung aufgebraucht ist. Teigtaschen in den Dämpfkorb legen, den Deckel schließen und die Gyoza 10 Minuten garen.

Anrichten: Teigtaschen heiß mit etwas schwarzem Essig servieren.

TIANAS GUMBO

GUMBO MIT SÜSSKARTOFFELN, HÄHNCHEN, GARNELEN UND OKRA

LEVEL:

VORBEREITUNGSZEIT: 20 MIN.

GARZEIT: 50 MIN.

ZUTATEN

FÜR 4 PERSONEN

2 gelbe Zwiebeln
2 Knoblauchzehen
4 Schalotten
1 Stange Sellerie
1 kleine grüne Paprikaschote
1 kleine rote Paprikaschote
1 mittelgroße Süßkartoffel
20 Okra
2 EL Olivenöl
Salz und Pfeffer
200 g Hähnchenbrustfilet
150 g geräucherte Wurst
3 TL Cajun-Gewürz
10 g Butter
1 TL Weizenmehl
2 l Gumbo-Brühe (siehe Seite 81)
2 Lorbeerblätter
2 EL frisch gehackte glatte Petersilie
200 g geschälte rohe Garnelen

ALS BEILAGE

gekochter Langkornreis

Gumbo ist ein Gericht aus den amerikanischen Südstaaten. Es wärmt wunderbar und schmeckt eigentlich jedem, ob reich oder arm.

1 Zuerst Zwiebeln, Knoblauch und Schalotten abziehen und in feine Ringe bzw. Scheiben schneiden. Den Sellerie waschen und in 2 mm große Würfel schneiden. Die Paprikaschoten waschen, putzen und ebenfalls klein würfeln. Die Süßkartoffel schälen und in 1 cm große Würfel schneiden. Die Okra waschen und der Länge nach halbieren.

2 Das Olivenöl in einem großen Topf auf mittlerer Stufe erhitzen. Das vorbereitete Gemüse mit Ausnahme der Okra ins heiße Öl geben und 5 Minuten bei mittlerer Hitze braten. Mit Salz und Pfeffer leicht würzen und schön bräunen.

3 In der Zwischenzeit das Fleisch in mundgerechte Stücke und die Wurst in 1 cm dicke Scheiben schneiden.

4 Das gebräunte Gemüse aus dem Topf nehmen. Die Temperatur etwas erhöhen, Fleisch und Wurstscheiben in den Topf geben und mit Salz, Pfeffer sowie 1 TL Cajun-Gewürz bestreuen. Fleisch und Wurst braun braten, dann aus dem Topf nehmen. Im Bratensatz eine würzige Mehlschwitze herstellen: Dazu die Butter hineingeben und schmelzen, als Nächstes das Mehl und 1 TL Cajun-Gewürz zufügen und unter ständigem Rühren kochen lassen, bis die Mehlschwitze Blasen wirft. Nun mit Brühe ablöschen, alles gut verrühren und das Fleisch wieder in den Topf geben.

5 Das gebräunte Gemüse, die Okraschoten, die Lorbeerblätter, 1 EL gehackte Petersilie und das restliche Cajun-Gewürz zugeben. Den Eintopf etwa 30 Minuten zugedeckt köcheln lassen, dabei regelmäßig umrühren. Weitere 10 Minuten köcheln lassen, bis der Eintopf eindickt, dann die Garnelen unterheben und kurz erwärmen. Das fertige Gumbo mit der restlichen gehackten Petersilie bestreuen und zu Langkornreis servieren.

LEUCHTENDES KALUA

KALUA MIT FRUCHTIGER SAUCE UND ANANAS

LEVEL:

VORBEREITUNGSZEIT:
20 MIN.

GARZEIT: 8 STD.

ZUTATEN
FÜR 4 PERSONEN

FÜR DAS FLEISCH
1 kg Schweineschulter ohne Knochen
100 g rotes Alae-Salz (siehe Seite 46)
50 ml Flüssigrauch (siehe Seite 46)
½ frische Ananas

FÜR DIE SAUCE
50 ml Sojasauce
100 ml Reisessig
50 ml Sake
100 ml Ananassaft
Saft von 1 Limette
1 EL Ketchup
1 TL Maisstärke

ALS BEILAGE
½ frische Ananas
20 g Butter
1 EL brauner Zucker
200 g gekochter Reis
einige Blätter Koriander

Dieses traditionelle Gericht aus Polynesien wird mit Früchten und Reis serviert. Die Zubereitung erfordert viel Geduld. Einer der Dorfbewohner von Motunui überreicht Vaiana eine Schale Schweinefleisch Kalua als Dank dafür, dass sie gekommen ist, um das Dach seines Hauses zu reparieren.

1

2 Den Backofen auf 80 °C Ober-/Unterhitze vorheizen.

3 Das Schweinefleisch ringsherum mit einem Messer einritzen, mit rotem Salz bestreuen und das Salz gut einmassieren, damit es in das Fleisch einzieht. Vorgang mit dem Flüssigrauch wiederholen. Dann Fleisch zur Seite stellen.

4 Ananas schälen und die Augen entfernen. Eine Hälfte in dünne Scheiben schneiden (die andere Hälfte wird später verwendet). Ananasscheiben auf den Boden einer ofenfesten Form legen. Die gewürzte Schweineschulter daraufsetzen. Die Form mit Alufolie abdecken und Fleisch mindestens 7 ½ Stunden im Ofen garen.

5 Die Form aus dem Ofen nehmen. Den Bratensaft abgießen und das Fleisch mit 2 Gabeln zerzupfen, es sollte jetzt zart und aromatisch sein. Zur Seite stellen.

6 Alle Zutaten für die Sauce in einem kleineren Topf gut verrühren. Bei mittlerer Hitze zum Kochen bringen, dann unter gelegentlichem Rühren 20 Minuten sanft köcheln lassen, bis die Sauce dicklich wird. Falls nötig, die Hitze weiter reduzieren, damit die Sauce nicht anbrennt.

Die restliche Ananas in 2 mm große Würfel schneiden. Die Butter in einer kleinen Bratpfanne zerlassen. Die Ananaswürfel hineingeben, mit dem Zucker bestreuen und 2 Minuten braten. Wenn der Zucker zu karamellisieren beginnt, die Ananas herausnehmen und zur Seite stellen.

Anrichten: Das zerpflückte Fleisch mit dem gekochten Reis, den Ananaswürfeln und den Ananasscheiben auf einer Platte anrichten. Mit frischem Koriander garnieren. Die Sauce separat dazu reichen. Keu a ka'ono !

BÄRENBRÖTCHEN

SCHOTTISCHE MILCHBRÖTCHEN

LEVEL:

VORBEREITUNGSZEIT: 15 MIN.

GARZEIT: 20 MIN.

WARTEZEIT: 2 STD.

ZUTATEN
FÜR 10 BRÖTCHEN

FÜR DIE BRÖTCHEN

125 g Weizenmehl plus mehr für die Schüssel
20 g Puderzucker
1 Päckchen Vanillezucker
1 gestrichener TL Trockenhefe
1 ganzes Ei + 4 Eigelb
1 Prise Salz
80 g weiche Butter
10 kandierte Kirschen zum Garnieren

FÜR DIE GLASUR

200 g Puderzucker
1 Eiweiß
Saft von ½ Orange

1 *Dies ist ein Rezept für die kleinen schottischen Brötchen, nach denen Meridas jüngere Brüder ganz verrückt sind.*

2 Für den Teig Mehl, Puderzucker, Vanillezucker, Trockenhefe, 1 ganzes Ei und 3 Eigelb in die Schüssel einer Küchenmaschine füllen. Salz zufügen und alles auf mittlerer Stufe 5 Minuten kneten. Die Butter zugeben und weitere 10 Minuten kneten.

3 Eine Rührschüssel mit etwas Mehl ausstreuen. Den Teig hineinlegen. Mit Frischhaltefolie abdecken und 1 Stunde ruhen lassen.

4 Den Teig nochmals gut durchkneten, dann wieder in die Schüssel legen, mit Folie abdecken und mindestens 1 Stunde in den Kühlschrank stellen.

5 Teig aus dem Kühlschrank nehmen und eine Weile bei Zimmertemperatur stehen lassen, damit er sich erwärmt. Mit der Faust zusammendrücken, damit Gase entweichen. Dann den Teig in 10 gleich große Portionen zerteilen und diese zu Kugeln formen. Den Backofen auf 180 °C Ober-/Unterhitze vorheizen.
Die 10 Kugeln in gefettete Briocheformen (alternativ Muffinformen) legen. Das restliche Eigelb mit etwas Wasser verquirlen und die Brötchen damit einpinseln. 12 Minuten im vorgeheizten Ofen backen. Dann herausnehmen und Brötchen abkühlen lassen.

In der Zwischenzeit die Orangenglasur zubereiten. Dazu den Puderzucker in einer Schüssel mit dem Eiweiß zu einer homogenen Masse verrühren. Den Orangensaft untermischen, bis eine glänzende Masse entsteht. Die abgekühlten Brötchen mit der Oberseite in die Glasur tauchen und jedes mit 1 kandierten Kirsche garnieren.

Guten Appetit!

VERZAUBERTE FEENTORTE

GEBURTSTAGSTORTE MIT FRÜCHTEN

LEVEL:

VORBEREITUNGSZEIT: 1 STD.

GARZEIT: 45 MIN.

ZUTATEN

FÜR 20 PERSONEN

FÜR DEN TEIG

50 g Butter plus mehr für die Formen
7 Eier
1 Prise Salz
210 g Puderzucker
1 TL Vanilleextrakt
175 g Weizenmehl

FÜR DEN TEESIRUP

500 ml Wasser
200 g Zucker
1 Handvoll Jasminteeblätter

Wenn die Feen in Dornröschen *in ihrem Häuschen mitten im Wald den Geburtstagskuchen für die Prinzessin backen, läuft einem das Wasser im Mund zusammen. Mit diesem Rezept kannst du den Kuchen einfach nachbacken – und das ganz ohne Zauberstab!*

1

Den Backofen auf 180 °C Ober-/Unterhitze vorheizen. Eine Rührschüssel in den Kühlschrank stellen.

2

Die Backformen mit Butter einfetten, dann den Teig zubereiten. Die Butter in einem Topf bei geringer Hitze schmelzen und zur Seite stellen. Die Eier trennen. Die Eiweiße mit 1 Prise Salz in eine Schüssel geben und mit dem Handmixer zu steifem Eischnee schlagen. Zur Seite stellen.

3

Die Eigelbe in einer zweiten Schüssel mit dem Puderzucker hell und schaumig schlagen. Den Vanilleextrakt unterrühren. Das Mehl auf die Mischung sieben und vorsichtig untermischen. Langsam den Eischnee unterheben, bis ein cremiger, homogener Teig entsteht. Dann die zerlassene Butter einarbeiten. Den Teig auf die Formen verteilen und 30 Minuten im Ofen backen.

FÜR DIE CREME
1 l Konditorsahne, gut gekühlt
500 g Mascarpone, gut gekühlt
200 g Puderzucker
1 TL Vanilleextrakt
2 TL blaue Lebensmittelfarbe

ZUM GARNIEREN
400 g Heidelbeeren

UTENSILIEN
3 Springformen
(Ø 10, 14 und 20 cm)

4

Für den Teesirup Wasser, Zucker und Teeblätter in einem Topf erhitzen, bis der Zucker aufgelöst ist. Den Topf vom Herd nehmen und zur Seite stellen. Tee nach Packungsangabe ziehen lassen.

5

Für die Vanillecreme Sahne und Mascarpone in die gekühlte Rührschüssel füllen und mit Puderzucker und Vanilleextrakt verrühren. Danach die Mischung mit dem Handmixer steif schlagen. Etwas von der Creme in eine Schüssel umfüllen und mit der Lebensmittelfarbe blau färben. Beide Cremes in Spritzbeutel füllen.

6

Die Kuchen aus den Formen heben und vollständig erkalten lassen. Jeden Kuchen quer halbieren (ergibt 6 Böden). Die Böden großzügig mit dem Teesirup einpinseln. Nun einen Boden jeder Größe mit weißer Creme bestreichen und mit Heidelbeeren (verlesen und gewaschen) belegen. Jeweils den zweiten gleich großen Boden darauflegen. Die Torte zusammensetzen – die größtenBöden liegen dabei unten, die kleinsten sind oben.
Die restliche weiße Creme auf die Seiten der Torte spritzen und mit einer Palette glätten. Zuletzt mit der blauen Creme kleine Rosetten um den Rand jeder Tortenetage spritzen. Fertig!

TRITON-SMOOTHIE

PISTAZIEN-MILCHSHAKE MIT ERDBEERSAHNE

LEVEL:

VORBEREITUNGSZEIT: 15 MIN.

ZUTATEN
FÜR 4 PERSONEN

FÜR DIE ERDBEERSAHNE

500 ml Schlagsahne, gekühlt
2 EL Mascarpone, gekühlt
2 EL selbst gemachte Erdbeersauce *(siehe Seite 112)*
1 Tropfen rote Lebensmittelfarbe

FÜR DEN MILCHSHAKE

750 ml Milch
250 ml Vanilleeis
500 ml Pistazieneis
1 EL Spirulinaflocken

Dieses Rezept ist eine Hommage an die berühmteste aller Meerjungfrauen, das dir Lust auf ein Leben in den Tiefen des Meeres machen soll!

1

Für die Erdbeersahne Sahne und Mascarpone in eine Schüssel geben und mit dem Handmixer steif schlagen, dabei die Erdbeersauce und die Lebensmittelfarbe tropfenweise zugeben. Die fertige Creme in einen Spritzbeutel mit großer Sterntülle füllen und in den Kühlschrank legen.

2

Alle Zutaten für den Milchshake in einen Standmixer geben und 2 Minuten kräftig mixen.

Anrichten: Den Milchshake in 4 große Gläser füllen und Erdbeersahne daraufspritzen.

ETWAS SÜSSES FÜR BRUMMBÄR

PFLAUMENPASTETE MIT VANILLE

LEVEL: 🍎

VORBEREITUNGSZEIT: 20 MIN.

WARTEZEIT: 30 MIN.

GARZEIT: 30 MIN.

ZUTATEN
FÜR 4 PERSONEN

FÜR DEN MANDELTEIG
400 g Weizenmehl plus mehr für die Arbeitsfläche
100 g Zucker
75 g gemahlene Mandeln
2 Eier
200 g weiche Butter plus mehr für die Form

FÜR DIE FÜLLUNG
40 g weiche Butter
800 g entsteinte Trockenpflaumen
100 g Zucker
1 Vanilleschote

ZUM BESTREICHEN
1 Eigelb
50 ml Wasser

Mit dieser Leckerei bedankt sich Schneewittchen bei den sieben Zwergen, die sie in ihrem Haus aufgenommen haben: eine aromatische Pflaumenpastete, gebacken in der Stille des Waldes und begleitet vom Gesang der Vögel.

1 Für den Teig Mehl, Zucker und Mandeln in einer Rührschüssel gut vermischen. Die Eier in einer zweiten Schüssel mit dem Schneebesen verquirlen. Die Butter in Würfel schneiden.

2 Die Butter zur Mehlmischung geben und alles mit den Fingern zu einer bröseligen Masse vermengen. Die verquirlten Eier zufügen und alles zu einem glatten Teig verarbeiten. Den Teig in Frischhaltefolie wickeln und mindestens 30 Minuten in den Kühlschrank legen.

3 Für die Füllung die Butter bei mittlerer Hitze in einer Pfanne zerlassen. Die Trockenpflaumen hineingeben und erhitzen, dabei mit einem Spatel wenden. Den Zucker einrühren. Die Vanilleschote längs aufschlitzen, das Mark mit einem Messer herausschaben und zu den Pflaumen geben. Gut umrühren und die Früchte 10 Minuten köcheln lassen.

4 Den Backofen auf 180 °C Ober-/Unterhitze vorheizen.

5 Eine Tarteform mit Butter einfetten. Den Teig in 2 Portionen teilen und auf einer bemehlten Arbeitsfläche ausrollen. Die Form mit einer Teigplatte auslegen und die Pflaumen darauf verteilen. Mit der anderen Teigplatte bedecken und die Ränder sorgfältig zusammendrücken. Überstehenden Teig abschneiden. Die Teigreste kurz verkneten, zu einem langen Strang formen und damit den Schriftzug »Grumpy« auf den Teigdeckel legen.

6 Das Eigelb in einer Tasse mit dem Wasser verquirlen und den Teigdeckel damit einpinseln. Dann ein Loch in den Teigdeckel stechen, damit der Dampf entweichen kann. Pastete 30 Minuten im Ofen backen und dann lauwarm servieren.

Grumpy

BEIGNETS DU CAFÉ

KRAPFEN MIT PUDERZUCKER

LEVEL:

VORBEREITUNGSZEIT: 20 MIN.

WARTEZEIT: 2 STD.

GARZEIT: 4 MIN.

ZUTATEN

FÜR 12 STÜCK

50 ml lauwarmes Wasser
1 Päckchen frische Hefe
200 g Weizenmehl plus mehr für die Arbeitsfläche
150 ml Milch
1 Ei
5 g Salz
30 g Zucker
80 g zerlassene Butter
500 ml Öl zum Frittieren
Puderzucker

1 *Krapfen mit Puderzucker sind ein klassisches Gebäck aus New Orleans und eine Spezialität des Cafés, in dem Tiana arbeitet. Hier erfährst du, wie man sie zubereitet.*

2 Für den Vorteig das lauwarme Wasser in eine Schüssel geben, die Hefe hineinbröseln und darin auflösen. 10 Minuten warten, bis sie Blasen wirft.

3 Das Mehl, die Milch und den Vorteig sowie Ei, Salz und Zucker in die Schüssel einer Küchenmaschine geben. Den Knethaken einsetzen und alles auf langsamer Stufe 30 Sekunden vermischen. Anschließend 2 Minuten auf mittlerer Stufe kneten. Die zerlassene Butter zufügen und weitere 2–3 Minuten kneten. Sobald sich der Teig von der Schüsselwand löst und am Knethaken hängen bleibt, Teig aus der Schüssel nehmen.

4 Den Teig auf eine bemehlte Arbeitsfläche geben und zu einer Kugel formen. In eine Rührschüssel legen, mit Frischhaltefolie abdecken und 1 ¾ Stunden bei Zimmertemperatur ruhen lassen, bis er sein Volumen verdoppelt hat.

5 Den aufgegangenen Teig wieder auf eine bemehlte Arbeitsfläche legen und mit der Faust zusammendrücken, damit Gase entweichen. Den Teig zu einem Rechteck ausrollen und in 12 quadratische oder rechteckige Stücke schneiden.

Das Frittieröl in einem hohen Topf oder einer Fritteuse auf 190 °C erhitzen (mit einem Küchenthermometer die Temperatur überprüfen). Die Krapfen portionsweise in dem heißen Öl 90 Sekunden goldbraun frittieren, dabei mit einem Esslöffel mit heißem Öl begießen, damit sie schön aufgehen. Aus dem Öl nehmen und sofort auf Küchenpapier abtropfen lassen.

Krapfen lauwarm und mit Puderzucker bestreut servieren.

KÜCHENLEXIKON

AGAR-AGAR
Natürliches Geliermittel, das zur Zubereitung von Konfitüren, Saucen, Pürees und Kompott verwendet wird.

ALAE-SALZ
Alae-Salz ist ein Salz aus Hawaii mit mineralischen und aromatischen Anteilen. Seine rote Farbe erhält es durch die Anreicherung mit gereinigter vulkanischer Tonerde.

ANBRATEN
Fleisch, Obst oder Gemüse wird in Fett gebraten, bis die Oberfläche gebräunt, das Innere aber noch nicht durchgegart ist.

AUSKLEIDEN
Eine Form mit Teig auslegen, um einen Boden zu erhalten, der belegt oder gefüllt werden kann.

AUSSTECHEN
Mit einer speziellen Ausstechform oder einem Gefäß (z. B. einem Glas) bestimmte Formen aus ausgerolltem Teig oder anderen Lebensmitteln ausstechen.

BINDEN
Einer Flüssigkeit Mehl oder Eigelb zufügen, um sie sämiger zu machen, z. B. bei der Zubereitung von Saucen, Cremesuppen oder Cremes.

BLANCHIEREN UND ABSCHRECKEN
Eine Technik, um Lebensmittel vorzugaren oder ihre Schärfe abzumildern. Dabei werden sie für einige Minuten in kochendem Wasser gegart (blanchiert) und dann sofort in Eiswasser abgeschreckt, um den Garvorgang zu stoppen.

BRUNOISE
Feine Würfel mit einer Kantenlänge von ca. 2 mm.

CHEMISIEREN
Das Überziehen einer Speise mit einem Gelee, um sie vor Austrocknung zu schützen. Der Begriff wird auch für das Einfetten und anschließende Ausstreuen einer Backform mit Mehl oder Paniermehl verwendet.

EIER TRENNEN
Ganze Eier beim Aufschlagen in Eigelb und Eiweiß trennen, indem man das Eigelb von einer Eierschalenhälfte in die andere gleiten lässt, sodass das Eiweiß in eine untergestellte Schüssel tropfen kann.

EINMACHEN
Früchte in einen Zuckersirup legen, um sie zu konservieren oder kandierte Früchte herzustellen.

ENTKERNEN
Die Kerne aus einer Frucht entfernen. Bei Steinobst spricht man von »entsteinen«

FASSONIEREN
Einen Teig mit den Händen formen.

FLAMBIEREN
Hochprozentigen Alkohol über ein Gericht gießen und anzünden. Das ist nicht ungefährlich und sollte nur von Erwachsenen gemacht werden.

FLÜSSIGRAUCH
Flüssigrauch ist eine Zubereitung, die dazu dient, Gerichten einen rauchigen Geschmack zu verleihen. Er wird durch ein Verfahren gewonnen, bei dem Rauch durch Wasser geleitet wird.

HACKEN
Gemüse oder Kräuter mit einem Messer in sehr kleine Stücke zerkleinern.

KNETEN
Einen schweren Teig auf der Arbeitsfläche mit den Händen kräftig durchwalken, damit sich die Zutaten gut verbinden und der Teig geschmeidig wird.

KÖCHELN
Eine Zubereitung bei geringer Hitze gerade auf dem Siedepunkt halten, sodass sie langsam gart.

Marinade
Flüssige Zubereitung mit Gewürzen, in die Fleisch, Fisch oder Gemüse eingelegt werden, um sie zu aromatisieren.

Mulde
Eine Vertiefung (meist in Mehl oder einer Mehl-Zucker-Mischung), in die flüssige Zutaten gegossen werden, die untergemischt werden sollen.

Panko
Ein japanisches Paniermehl aus Brotkrumen, das gern für besonders knusprige Panaden verwendet wird. Erhältlich in asiatischen Lebensmittelgeschäften oder gut sortierten Supermärkten.

Reduzieren
Eine Zubereitung so lange erhitzen, bis die darin enthaltene Flüssigkeit verdampft ist, sodass eine sämige Konsistenz entsteht und die Aromen konzentriert werden.

Rösten
Ein meist trockenes Lebensmittel wie Kaffeebohnen, Mandeln oder auch Nelken ohne Fett in einer Pfanne braten, um die Aromen freizusetzen.

Rührschüssel
Große Schüssel, die meist aus Edelstahl oder Kunststoff besteht und sich gut reinigen lässt.

Sautieren
Von frz. *sauter* = springen. Anbraten von Speisen in einer Bratpfanne und in Fett bei mittlerer bis hoher Hitze: Dabei hältst du den Griff der Pfanne und neigst diese so, dass die Speisen nach unten rutschen, um sie dann mit einer ruckartigen Bewegung des Handgelenks wieder nach oben »springen« zu lassen.

Schälen
Die Schale (z. B. von Obst oder Gemüse) mit einem Küchenmesser oder einem Sparschäler entfernen.

Schaumig schlagen
Eier und Zucker mit dem Schneebesen kräftig verrühren, um eine schaumige hellgelbe oder weißliche Masse zu erhalten.

Schlagen
Eine Mischung mit dem Schneebesen kräftig durchrühren, um alle Zutaten zu vermengen oder das Volumen zu vergrößern.

Sieben
Zutaten wie Mehl oder Puderzucker durch ein Sieb streichen, um etwaige Klümpchen zu entfernen.

Teig
Eine Mischung aus verschiedenen Zutaten, die gebacken (z. B. Brot, Kuchen) oder gekocht (z. B. Knödel) wird.

Tränken
Gebäck mit Flüssigkeit (z. B. Sirup, Kaffee, Likör) beträufeln, sodass es diese aufsaugt, weich wird und das Aroma der Flüssigkeit annimmt.

Überbrühen
Mandeln, Haselnüsse, Pistazien oder auch Tomaten mit kochendem Wasser übergießen und kurz darin liegen lassen, um dann die Haut leichter entfernen zu können.

Wasserbad
Schonendes Erhitzen von Zutaten in einer hitzebeständigen Schüssel, die über einen Topf mit kochendem Wasser gestellt wird.

Zesten
Feine Schalenstreifen von Zitrusfrüchten, die mit einem Sparschäler oder einem Zestenreißer abgezogen und zum Aromatisieren oder Garnieren verwendet werden.

DIE KÜCHE DER ALTEN WELT

MRS. JUDSONS MUFFINS

MUFFINS MIT KÄSE

LEVEL:

VORBEREITUNGSZEIT: 30 MIN.

GARZEIT: 35 MIN.

ZUTATEN

FÜR 8 MUFFINS

150 ml Milch
90 g Butter plus mehr für die Formen
3 Eier
180 g Weizenmehl
1 Päckchen Backpulver
100 g Stilton oder Cheddar
1 Prise Salz

Als Olivia Flaversham in Basil, der große Mäusedetektiv *den berühmten Detektiv um Hilfe bittet, wird ein Tablett mit köstlichem Gebäck gezeigt, das Mrs. Judson gebacken hat. Hier gibt es das Rezept für die herzhaften Muffins.*

1

Den Backofen auf 180 °C Ober-/Unterhitze vorheizen.

2

Milch und Butter in einem Topf auf mittlerer Stufe erhitzen, bis die Butter vollständig geschmolzen ist. Topf vom Herd nehmen und Mischung etwas abkühlen lassen.
Die Eier in einer Rührschüssel mit einem Schneebesen schaumig schlagen. Die Milch-Butter-Mischung zufügen und gründlich unterrühren.
In einer zweiten Rührschüssel das Mehl und das Backpulver vermischen. Die flüssigen Zutaten zugeben und alles zu einem glatten Teig verrühren.

3

Den Käse reiben oder klein schneiden und unter den Teig heben. Mit Salz würzen.

4

Den Teig in 8 gefettete Muffinförmchen oder Papierförmchen füllen und in 15–20 Minuten im Ofen goldbraun backen.

Lauwarm mit einem frischen Blattsalat servieren.

GLÖCKNER-CROISSANTS

TRADITIONELLE CROISSANTS NACH PARISER ART

LEVEL:

VORBEREITUNGSZEIT: 1 STD.

WARTEZEIT: 4 STD.

GARZEIT: 15 MIN.

1 *In* Der Glöckner von Notre Dame *wird Quasimodos Buckel mit dem dicken »Bauch« eines Croissants verglichen. Freue dich auf das Rezept für diesen Klassiker der französischen Küche.*

2 Das lauwarme Wasser in eine Schüssel gießen, die Hefe hineinbröseln und darin auflösen. 5 Minuten gehen lassen, bis sich Blasen bilden.

3 Mehl, Salz und Zucker in einer großen Rührschüssel vermischen. Eine Mulde in die Mitte drücken und die Milch nach und nach zugießen und mit dem Handmixer einrühren. Wenn die Milch eingearbeitet ist, den Hefeansatz zufügen und zügig untermischen.

4 Den Teig auf einer bemehlten Arbeitsfläche 12–15 Minuten mit den Händen kneten. Zur Kugel formen, in eine Rührschüssel legen und abgedeckt bei Zimmertemperatur 2 Stunden ruhen lassen.

Nach dieser Zeit den Teig auf einer bemehlten Arbeitsfläche zu einem Rechteck ausrollen, das in der Mitte etwas dicker ist. Die Butter in Scheiben schneiden und gleichmäßig in der Mitte des Teigs verteilen. Dann den freien Teig über die Butter falten.

ZUTATEN

FÜR 4 PERSONEN

50 ml lauwarmes Wasser
15 g frische Hefe
500 g Weizenmehl plus mehr für die Arbeitsfläche
1 TL Salz
50 g Zucker
300 ml Milch
180 g weiche Butter
1 Eigelb

5 Den Teig erneut zu einem Rechteck ausrollen, zusammenfalten und um 90 Grad nach rechts drehen. Wieder ausrollen. Diesen Vorgang noch dreimal wiederholen, damit ein schöner Blätterteig entsteht.

6 Nun die Croissants formen. Den Teig dazu dünn ausrollen und wie auf Seite 82 beschrieben in längliche Dreiecke schneiden.

7 Die Dreiecke von der Breitseite zur Spitze hin aufrollen und dann zum Halbmond formen. Croissants auf ein mit Backpapier belegtes Blech legen, abdecken und weitere 2 Stunden ruhen lassen.

Nach der Ruhezeit den Backofen auf 200 °C Ober-/Unterhitze vorheizen. Ein Eigelb in einer Schüssel verquirlen und die Croissants vorsichtig damit bestreichen. Dabei nicht zu kräftig aufdrücken, sonst verformen sie sich. In 15 Minuten im Ofen goldbraun backen.

EDGARS CRÈME DE LA CRÈME

TOPINAMBURSUPPE MIT MUSKATNUSS

LEVEL:

VORBEREITUNGSZEIT: 20 MIN.

GARZEIT: 1 STD.

ZUTATEN

FÜR 4 PERSONEN

1 Zwiebel
6 Knollen Topinambur
1 große Kartoffel (mehligkochend)
25 g Butter
Salz
gemahlene Muskatnuss
750 ml Geflügelbrühe (siehe Seite 82)
500 ml Schlagsahne
Käsecracker (siehe Seite 80)

Im Film sieht man, wie Edgar für die Katzen eine Creme zubereitet, die ein Schlafmittel enthält. Dieses Rezept ist für Menschen gedacht und weist keine sedierenden Zutaten auf.

1

Zuerst das Gemüse vorbereiten: Die Zwiebel abziehen und fein hacken. Topinambur und Kartoffel schälen und in Würfel schneiden.

2

Die Butter bei mittlerer Hitze in einem großen Topf zerlassen. Die Zwiebelwürfel darin glasig dünsten, aber nicht bräunen. Kartoffel und Topinambur zufügen und 3 Minuten mitdünsten. Mit Salz und 1 Prise Muskatnuss würzen und mit der Geflügelbrühe ablöschen.

3

Suppe zum Kochen bringen, dann 20–25 Minuten sanft köcheln lassen. Wenn das Gemüse weich ist, den Topf vom Herd nehmen und alles mit einem Stabmixer pürieren.

4

Die Sahne unterrühren und die Suppe abschmecken. Nochmals mit dem Stabmixer durchmixen, sodass die Sahne vollständig eingearbeitet ist. Die Suppe bei mittlerer Hitze unter ständigem Rühren gut erwärmen und heiß servieren.

Anrichten: Die Suppe in tiefe Teller füllen und mit Käse- oder Kräutercrackern servieren.

RÉMYS SUPPE

GEMÜSESUPPE MIT KRÄUTERFRISCHKÄSE

LEVEL:

VORBEREITUNGSZEIT: 20 MIN.

GARZEIT: 35 MIN.

ZUTATEN

FÜR 4 PERSONEN

1 große Zwiebel
3 Stangen Lauch
5 Kartoffeln (mehligkochend)
1 Stange Sellerie
50 g Butter oder
2 EL Olivenöl
Salz und Pfeffer
1 l Geflügelbrühe
(siehe Seite 82)
50 g Frischkäse mit Knoblauch und Kräutern
½ Bund glatte Petersilie

Der Film Ratatouille *feiert die französische Kochkunst. Dies ist das Rezept für die cremige Gemüsesuppe, die Rémy beim ersten Treffen mit Linguini zubereitet.*

1

Zuerst das Gemüse vorbereiten: Die Zwiebel abziehen und fein hacken. Den weißen Teil vom Lauch waschen und in Ringe schneiden. Die Kartoffeln schälen und in 1 cm große Würfel schneiden. Die Selleriestange waschen und in 2 mm große Würfel schneiden.

2

Butter oder Olivenöl in einem Topf auf mittlerer Stufe erhitzen. Die Zwiebel darin 2 Minuten glasig dünsten, aber nicht bräunen. Lauch und Sellerie zugeben und alles mit etwas Salz und Pfeffer würzen. 5 Minuten andünsten, dann die Kartoffeln zufügen und 2 Minuten mitgaren. Die Geflügelbrühe angießen und die Suppe abgedeckt 25 Minuten köcheln lassen.

3

Wenn das Gemüse weich ist, die Suppe mit einem Stabmixer pürieren. Den Frischkäse zugeben und nochmals 20 Sekunden mixen. Die Suppe abschmecken.

Anrichten: Kurz vor dem Servieren die heiße Suppe mit gewaschenen Petersilienblättern bestreuen.

RATATOUILLE-FÄCHER

CONFIT BYALDI NACH MICHEL GUÉRARD

LEVEL: 🗼🗼

VORBEREITUNGSZEIT: 30 MIN.

GARZEIT: 2 STD.

Ratatouille ist ein typisches Gericht aus Südfrankreich. Als Rémy es im Film serviert, erwachen die Kindheitserinnerungen des berüchtigten Restaurantkritikers Anton Ego wieder zum Leben. Dies ist eine besonders raffinierte Variante.

1

Für die Sauce zuerst die Tomaten häuten. Dazu Wasser in einem großen Topf zum Kochen bringen und eine Schüssel mit Eiswasser bereitstellen. Die Tomaten am Stielansatz kreuzweise einschneiden und 30 Sekunden in das kochende Wasser tauchen, danach herausheben und sofort ins Eiswasser legen. Die Haut abziehen und die Tomaten in einen Standmixer füllen.

2

Die gegrillten Paprikaschoten zufügen. Die Zwiebel abziehen und in Stücke schneiden. Den Knoblauch abziehen und mit der Zwiebel in den Mixer geben. Gemüsebrühe, Thymian und Oregano, einen guten Schuss Olivenöl und 1 Prise Salz zufügen und alles 2 Minuten zu einer Sauce pürieren. Zur Seite stellen.

3

Den Backofen auf 180 °C Ober-/Unterhitze vorheizen.

ZUTATEN
FÜR 4 PERSONEN

FÜR DIE SAUCE

2 große reife Tomaten
3 gegrillte rote Paprikaschoten
(siehe Seite 112)
1 große weiße Zwiebel
2 Knoblauchzehen
750 ml Gemüsebrühe
(siehe Seite 80)
1 TL getrockneter Thymian
1 TL getrockneter Oregano
Olivenöl
Salz und Pfeffer

FÜR DAS GEMÜSE

2 gelbe Zucchini
1 grüne Zucchini
2 Tomaten
1 Aubergine
1 gestreifte Aubergine
½ Bund glatte Petersilie
einige Zweige Rosmarin
Salz und Pfeffer
Olivenöl

4

Nun das Gemüse vorbereiten: Zucchini, Tomaten und Auberginen waschen und mit einem Messer oder einem Gemüsehobel in dünne Scheiben schneiden. Die Kräuter waschen.

5

Die Sauce auf dem Boden einer ofenfesten Form verteilen.

6

Das Gemüse dachziegelartig auf die Sauce legen, dabei die Sorten regelmäßig abwechseln. Leicht salzen und pfeffern, dann etwas Petersilie und Rosmarin auf der Oberfläche verteilen. Mit etwas Olivenöl beträufeln. Das Gemüse mit Backpapier bedecken und 1 ½ Stunden im Ofen garen.

Anrichten: Eine große runde Ausstechform in die Mitte eines Tellers legen und 1 Portion Gemüsescheiben darin fächerförmig anordnen. Die Ausstechform vorsichtig abnehmen. Die übrigen Portionen ebenso anrichten. Die Ratatouille jeweils mit 1 Blatt Petersilie garnieren. Neben das Gemüse etwas Sauce und Olivenöl auf die Teller träufeln.

GEPPETTOS GEGRILLTER FISCH

GEGRILLTE DORADEN MIT KRÄUTERN UND BUTTER

LEVEL:

VORBEREITUNGSZEIT: 20 MIN.

GARZEIT: 35 MIN.

Glücklich darüber, der Vater eines hölzernen Kindes zu sein, beschließt Geppetto, ein Festmahl zuzubereiten, um Pinocchios ersten Schultag zu feiern: Hier ist sein köstliches Rezept für gegrillten Fisch mit Gemüse.

1

2 Den Backofen auf 200 °C Ober-/Unterhitze vorheizen.

3 Zuerst das Gemüse vorbereiten: Zucchini, Aubergine, Paprika und Kartoffeln waschen, die Paprika entkernen. Zwiebeln schälen. Zucchini, Aubergine und 1 Zwiebel in feine Streifen schneiden. Die zweite Zwiebel fein hacken. Kartoffeln und Paprika in 2 mm große Würfel schneiden. 2 Knoblauchzehen mit dem Handballen etwas andrücken. Die Kräuter waschen.

4 Einen Schuss Olivenöl in einem großen Topf erhitzen. Die gehackte Zwiebel darin 2 Minuten anbraten, dann die Kartoffel- und Paprikawürfel, die beiden zerdrückten Knoblauchzehen und die Oliven zufügen. Salzen, pfeffern und 2 Thymianzweige auf das Gemüse legen. Bei geschlossenem Deckel 10 Minuten kochen lassen, dabei regelmäßig umrühren.

In der Zwischenzeit ein Backblech mit Backpapier belegen. Zucchini-, Auberginen- und Zwiebelstreifen darauf verteilen und mit etwas Olivenöl einpinseln. Leicht salzen und pfeffern und für 10 Minuten in den Ofen schieben.

ZUTATEN
FÜR 4 PERSONEN

2 Zucchini
1 Aubergine
1 kleine rote Paprikaschote
1 kleine grüne Paprikaschote
4 Kartoffeln (festkochend)
2 Zwiebeln
4 Knoblauchzehen
4 Zweige Rosmarin
2 Zweige Salbei
4 Zweige Thymian
Olivenöl
50 g entsteinte grüne Oliven
Salz und Pfeffer aus der Mühle
2 schöne Doraden (Goldbrassen), küchenfertig
½ Bio-Zitrone
40 g Kräuterbutter
(siehe Seite 80)

5

Die Doraden seitlich einritzen (nicht zu tief). Die restlichen beiden Knoblauchzehen zerdrücken. Knoblauch, den restlichen Thymian, Rosmarin und Salbei in den Bauch der Doraden legen. Fische leicht salzen und pfeffern.

6

Doraden nun 15 Minuten grillen und nach der Hälfte der Zeit wenden. Oder etwas Olivenöl in einer Pfanne auf mittlerer Stufe erhitzen und die Doraden darin von jeder Seite 5 Minuten braten.

Anrichten: Das Gemüse aus dem Topf auf einer Servierplatte verteilen, dann das Ofengemüse dazugeben und die Fische darauflegen. Auf jeden Fisch 1 Zitronenscheibe und etwas Kräuterbutter geben.

Heiß servieren.

SIR KAYS BANKETT

TRUTHAHN MIT GEWÜRZEN UND FEINEM GEMÜSE

LEVEL: ✧✧

VORBEREITUNGSZEIT: 30 MIN.

GARZEIT: 3 STD.

1 *Als »Floh« für Sir Hector arbeitet, sieht man Sir Kay und seinen Vater an einem Tisch mit einem Truthahnbraten. So wird er zubereitet:*

2 Den Backofen auf 220 °C Ober-/Unterhitze vorheizen.

3 Zuerst die Gewürzbutter für den Truthahn zubereiten: Dazu die Butter in einer Schüssel mit einem Teigspatel cremig rühren. Kreuzkümmel, Koriander und Ingwer zugeben und sorgfältig verrühren.

4 Die Bauchhöhle des Truthahns mit etwas Salz einreiben, dann die Zimtstange und die gewaschene Petersilie hineinlegen. Die Haut mit den Fingern vom Fleisch abheben und die Gewürzbutter in den Zwischenraum streichen. Am besten einen Spritzbeutel dafür verwenden. Den vorbereiteten Truthahn zur Seite stellen.

5 Als Nächstes das Gemüse vorbereiten: Die Zwiebeln abziehen und fein hacken. Die Karotten waschen und schräg in Scheiben schneiden. Den Knoblauch zerdrücken. Die Kartoffeln waschen und abtrocknen.

Ein großes Backblech mit hohem Rand mit Öl einfetten, das Gemüse darauf verteilen und salzen und pfeffern. Den Truthahn auf das Gemüse legen. Etwas Brühe über das Gemüse, aber nicht auf den Truthahn träufeln. Blech in den Ofen schieben und Truthahn 30 Minuten garen, dabei darauf achten, dass er nicht zu braun wird.

ZUTATEN

FÜR 4 PERSONEN

1 Truthahn,
ca. 3 ½ kg, küchenfertig

FÜR DIE GEWÜRZBUTTER UND DIE FÜLLUNG

180 g gesalzene Butter
1 TL gemahlener Kreuzkümmel
1 TL gemahlener Koriander
1 TL gemahlener Ingwer
Salz
1 Zimtstange
1 Bund glatte Petersilie

FÜR DAS GEMÜSE

3 Zwiebeln
1 kg Karotten
2 Knoblauchzehen
600 g kleine Kartoffeln
Sonnenblumenöl für das Blech
Salz und Pfeffer
2 l Geflügelbrühe
(siehe Seite 82)

FÜR DIE GLASUR

300 ml Honig
1 TL gemahlener Kreuzkümmel
2 TL Kurkuma

6

In der Zwischenzeit die Glasur für den Truthahn zubereiten: Honig, Kreuzkümmel und Kurkuma in einer Schüssel sorgfältig verrühren. Zur Seite stellen.

7

Nach der 30-minütigen Garzeit die Ofentemperatur auf 150 °C reduzieren. Das Blech aus dem Ofen nehmen, das Gemüse wenden und so viel Brühe angießen, dass das Gemüse etwa bis zur Hälfte in der Brühe liegt.
¼ der Glasur auf dem Truthahn verstreichen. Das Blech wieder in den Ofen schieben. Den Truthahn weitere 2 ½ Stunden garen, dabei alle 50 Minuten mit der Glasur bestreichen.

Dank der Gewürzbutter und der Glasur wird das Fleisch des Truthahns schön saftig und herrlich aromatisch. Mit dem Ofengemüse und bei Bedarf mit Kartoffelpüree servieren.

LITTLE JOHNS WÜRZIGES RAGOUT

RINDERSCHMORTOPF MIT GEMÜSE

LEVEL:

VORBEREITUNGSZEIT:
30 MIN.

GARZEIT:
4 STD. 15 MIN.

Im Film Robin Hood *ist Little John für die Verpflegung zuständig. Sein dampfender Eintopf schmeckt köstlich, nur Bruder Tuck findet ihn etwas zu scharf. Entdecke das Geheimnis, wie Robin Hoods Mitstreiter seinen deftigen Eintopf zubereitet.*

1

Die Zwiebeln abziehen und grob hacken. Knoblauch und Ingwer mit der Breitseite eines Kochmessers zerdrücken. Alles zur Seite stellen.

2

Das Fleisch in große Stücke (à ca. 50 g) schneiden, leicht salzen und pfeffern, dann in Mehl wenden. Pflanzenöl in einem großen Schmortopf auf mittlerer Stufe erhitzen. Das Fleisch darin rundherum braun anbraten. Es soll schnell eine braune Kruste bekommen, damit es innen saftig bleibt.

3

Das Fleisch aus dem Topf nehmen und zur Seite stellen. Die Butter in den Topf geben und schmelzen. Dann die gehackten Zwiebeln darin 3–4 Minuten braten. Zerdrückten Knoblauch und Ingwer hinzugeben und 2 Minuten mitbraten. Mit dem dunklen Bier ablöschen und den Bratensatz mit einem Holzspatel sorgfältig vom Topfboden lösen. Brühe und Tomatenmark zufügen. Die Peter-

ZUTATEN

FÜR 4 PERSONEN

2 große Zwiebeln
1 Knoblauchzehe
1 cm frischer Ingwer
800 g Rinderbraten oder Ochsenbacke
Salz und Pfeffer aus der Mühle
etwas Weizenmehl
Pflanzenöl
40 g weiche Butter
2 l dunkles Bier
500 ml Gemüsebrühe (siehe Seite 80)
2 EL Tomatenmark
1 Bund glatte Petersilie
4 Karotten
4 große Kartoffeln (mehligkochend)
2 Stangen Sellerie
100 g Erbsen
1 Tropfen Tabasco
4 Scheiben Landbrot

silie waschen, grob hacken und mit den Fleischstücken in den Topf geben. Eintopf zum Kochen bringen, dann 2 Stunden sanft köcheln lassen.

4

Kurz vor Ende der Garzeit das Gemüse vorbereiten: Karotten und Kartoffeln schälen und in große Würfel schneiden. Den Sellerie waschen, in 2 mm große Würfel schneiden, die Erbsen abspülen.

5

Das Gemüse und den Tabasco in den Topf geben und alles bei schwacher Hitze mit halb geschlossenem Deckel weitere 2 Stunden garen. Zwischendurch immer wieder umrühren. Nach der langen Garzeit sollte das Fleisch mürbe sein und auf der Zunge zergehen.

Anrichten: Serviere diesen Eintopf in tiefen Tellern und reiche dazu dicke Scheiben getoastetes Landbrot. Guten Appetit!

TURNIER-OBSTKUCHEN

BROMBEERKUCHEN MIT MANDELN

LEVEL:

VORBEREITUNGSZEIT: 30 MIN.

GARZEIT: 35 MIN.

ZUTATEN

FÜR 4 PERSONEN

800 g Brombeeren
100 g Zucker
20 g Speisestärke
50 ml Zitronensaft
400 g Mandelteig
(siehe Seite 81)
Mehl für die Arbeitsfläche
Fett für die Form
1 Eigelb

Während des von Prinz John organisierten Turniers, an dem Robin als Storch verkleidet teilnimmt, entdeckt man einen Stand, an dem Kuchen mit roten Früchten angeboten wird. Hier kommt das Rezept, damit du ihn selbst zubereiten kannst.

1 Den Backofen auf 180 °C Ober-/Unterhitze vorheizen.

2 Die Brombeeren waschen und entstielen. Dann mit Zucker, Speisestärke und Zitronensaft in einem Topf verrühren und 20 Minuten bei mittlerer Hitze köcheln lassen. Dabei regelmäßig umrühren, damit nichts ansetzt. Den Topf vom Herd nehmen und zur Seite stellen.

3 Den Mandelteig in 2 gleich große Portionen teilen und diese auf einer bemehlten Arbeitsfläche ausrollen. Eine Tarteform mit hohem Rand einfetten und mit einer Teigplatte auskleiden. Den Teig mehrmals mit einer Gabel einstechen, dabei den Rand nicht vergessen.

4 Die Brombeeren auf den Teig geben und mit der Rückseite eines Esslöffels gleichmäßig verteilen. Den Belag mit der zweiten Teigplatte bedecken und die Teigränder gut zusammendrücken. Die überschüssigen Teigränder abschneiden und daraus Dekorationen für die Oberfläche ausschneiden. In die Mitte des Kuchens ein Loch mit einem Durchmesser von ca. 1 cm stechen, damit der beim Backen entstehende Dampf entweichen kann.

5 Das Eigelb in einer kleinen Schüssel verquirlen und mit einem Backpinsel die Oberfläche des Kuchens damit bestreichen. Kuchen in den Ofen schieben und 35 Minuten backen.

Lauwarm schmeckt er am besten.

2s

HUNDEKEKSE

VANILLE-ZIMT-PLÄTZCHEN

LEVEL:

VORBEREITUNGSZEIT: 10 MIN.

WARTEZEIT: 1 STD.

GARZEIT: 10 MIN.

ZUTATEN

ERGIBT 18 KEKSE (FÜR MENSCHEN!)

180 g Weizenmehl plus mehr für die Arbeitsfläche
60 g Zucker
1 Päckchen Vanillezucker
60 g gemahlene Mandeln
1 TL gemahlener Zimt
1 TL gemahlener Ingwer
1 Prise Salz
140 g weiche Butter
1 Ei

Im Film 101 Dalmatiner *sehen sich die Hunde eine Fernsehwerbung für leckere Hundekekse an. Dies ist eine Variante für Zweibeiner.*

1 Alle trockenen Zutaten in eine Rührschüssel geben und gründlich vermischen.

2 Die Butter in einem Topf zerlassen und mit dem Handmixer unter die trockenen Zutaten rühren. Das Ei zugeben und alles zu einem glatten Teig verarbeiten.
Den Teig aus der Schüssel nehmen, in Frischhaltefolie wickeln und 1 Stunde in den Kühlschrank legen.

3 Den Backofen auf 170 °C Ober-/Unterhitze vorheizen.

4 Ein Backblech mit Backpapier auslegen. Den Teig auf einer bemehlten Arbeitsfläche 1 cm dick ausrollen. Mit einer entsprechenden Form Knochen ausstechen und diese auf das Backblech legen. 10 Minuten im Ofen goldbraun backen, dann auf einem Kuchengitter ganz erkalten lassen.

GRUNDREZEPTE

GEMÜSEBRÜHE

Vorbereitungszeit: 10 Min.
Garzeit: 2 Std.
Wartezeit: 30 Min.

ZUTATEN

4 Karotten, gewaschen, in Würfel geschnitten
1 Stange Lauch (nur der weiße Teil), gewaschen
½ Stange Sellerie, gewaschen
1 Zwiebel, geschält
1 Bouquet garni (1 grünes Stück Lauch, 4 Stängel Petersilie, 1 Fenchelzweig, 1 Lorbeerblatt, 1 Stängel Thymian)
1 Schalotte, geschält
2 l Wasser
150 ml Weißwein
1 Sternanis
3 Kardamomsamen

Alle Zutaten in einen großen Topf geben und mit geschlossenem Deckel 2 Stunden köcheln lassen. Topf vom Herd nehmen und Brühe 30 Minuten stehen lassen, dann durch ein feines Sieb in einen Topf abgießen.

KRÄUTERBUTTER

Vorbereitungszeit: 10 Min.

ZUTATEN

100 g gesalzene Butter
¼ Bund glatte Petersilie
Saft von 1 Zitrone

Die Butter in eine Schüssel geben und mit einem Teigspatel weich und cremig rühren. Zur Seite stellen.

Die Petersilie waschen und fein hacken. Zur Butter geben. Den Zitronensaft zufügen und alles mit dem Teigspatel gut verrühren.

Die Butter in Frischhaltefolie wickeln, zur Rolle formen und bis zur Verwendung in den Kühlschrank legen.

KÄSECRACKER

Vorbereitungszeit: 10 Min.
Wartezeit: 1 Std.
Garzeit: 15 Min.

ZUTATEN

130 g Weizenmehl
70 g gesalzene Butter, zimmerwarm
1 Ei
70 g Roquefort

Mehl, Butter und Ei in einer Schüssel mit den Fingern vermengen. Den Roquefort zerbröseln, zufügen und alles zu einem glatten Teig verarbeiten.

Den Teig zu einer Rolle formen, in Frischhaltefolie wickeln und 45–60 Minuten in den Kühlschrank legen.

Den Backofen auf 180 °C Ober-/Unterhitze vorheizen. Ein Backblech mit Backpapier auslegen.

Den Teig aus der Folie nehmen, in dünne Scheiben schneiden und diese auf das Backblech legen. 15 Minuten im Ofen backen.

GUMBO-BRÜHE

Vorbereitung: 20 Min.
Garzeit: 2 Std. 30 Min.

ZUTATEN

1 große Zwiebel
1 Knoblauchknolle
2 große Karotten
1 Stange Sellerie
Schalen der Garnelen aus Tianas Gumbo (siehe Seite 30)
½ TL zerstoßene schwarze Pfefferkörner
1 Gewürznelke
Pflanzenöl
Karkasse von 1 kleinen Huhn
1 Prise Salz
1 Lorbeerblatt
2 Zweige Thymian
2 Zweige Estragon
½ Bund glatte Petersilie
3 Stängel Basilikum

Zuerst das Gemüse vorbereiten: Die Zwiebel abziehen und grob hacken. Die Knoblauchknolle quer halbieren. Die Karotten schälen und in 1 cm große Würfel schneiden. Die Selleriestange waschen und in 2 mm große Würfel schneiden. Alles zur Seite stellen. Die Garnelenschalen mit einem Teigroller zerdrücken.

Eine Pfanne ohne Fett auf mittlerer Stufe erhitzen. Pfeffer und Gewürznelke hineingeben und 2 Minuten goldbraun rösten. Aus der Pfanne nehmen.

Etwas Pflanzenöl in die Pfanne geben. Sobald das Öl heiß ist, Zwiebeln und Karotten darin 3 Minuten unter ständigem Rühren anbraten. Dann den Knoblauch zugeben und kurz anbraten, aber nicht dunkel werden lassen. Hühnerkarkasse und Garnelenschalen sowie Salz zufügen und alles unter Rühren 5 Minuten anbraten. 2 ½ l Wasser und die Kräuter zufügen.

Suppe zum Kochen bringen, dann zugedeckt bei schwacher Hitze 2 ½ Stunden köcheln lassen. Brühe durch ein feines Sieb in einen Topf abgießen.

MANDELTEIG

Vorbereitungszeit: 10 Min.
Wartezeit: 30 Min.

ZUTATEN

400 g Weizenmehl
100 g Zucker
75 g gemahlene Mandeln
2 Eier
200 g weiche Butter

Mehl, Zucker und gemahlene Mandeln in eine Schüssel geben. Die Eier in einer kleinen Schüssel mit einer Gabel verquirlen und zur Seite stellen.

Die Butter in Flöckchen zur Mehlmischung geben und mit den Händen einarbeiten, sodass eine krümelige Masse entsteht. Die Eier zufügen und alles zu einem glatten, geschmeidigen Teig verarbeiten.

Den Teig zu einer Kugel formen, in Frischhaltefolie wickeln und vor der Weiterverarbeitung 30 Minuten in den Kühlschrank legen.

CROISSANTTEIG ZUSCHNEIDEN UND FORMEN

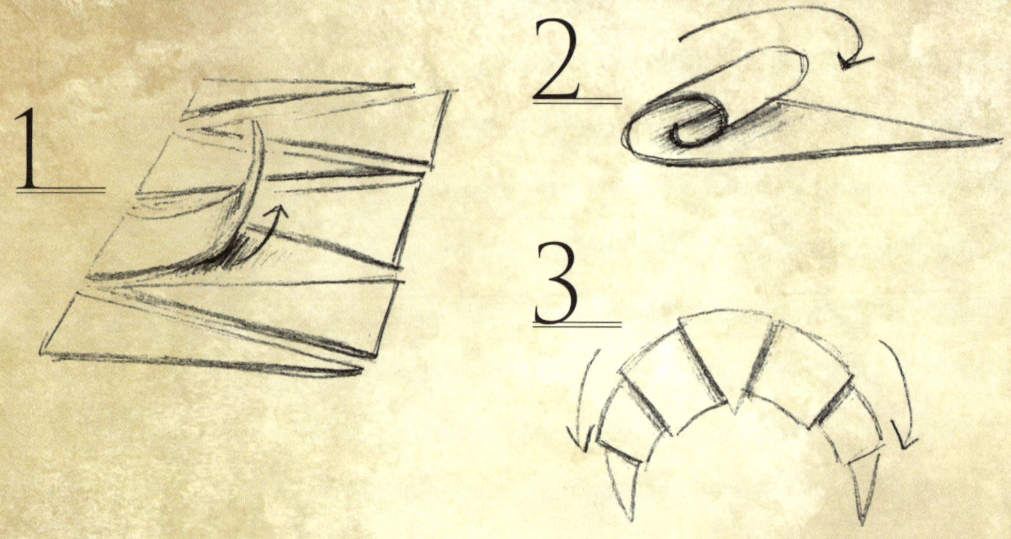

GEFLÜGELBRÜHE

Vorbereitungszeit: 20 Min.
Garzeit: 4 Std. 15 Min.

ZUTATEN

2 kg Karkasse von Geflügel oder Kaninchen
100 ml Traubenkernöl
50 g weiche Butter
1 Knoblauchzehe
2 Schalotten
2 l Wasser
1 Bouquet garni (siehe S. 80)
1 Zweig Rosmarin
2 Wacholderbeeren
1 Msp. zerstoßene Pfefferkörner

Den Backofen auf 150 °C Ober-/Unterhitze vorheizen.
Die Karkasse zerkleinern und mit dem Traubenkernöl und der Butter in einen großen Bräter geben. Unter Rühren anbraten, bis die Karkasse hellbraun ist. Aus dem Topf nehmen.

Das Fett mit einer Kelle abschöpfen, den Saft im Bräter lassen. Knoblauch und Schalotten schälen und in diesem Saft 5 Minuten bei mittlerer Hitze dünsten. Das Wasser zugießen und das Bouquet garni zufügen, dann den Bräter 4 Stunden in den Ofen stellen.

30 Minuten vor Ende der Garzeit den Rosmarinzweig, den Wacholder und den zerstoßenen Pfeffer hinzugeben und Bräter erneut in den Ofen schieben. Diese Zutaten intensivieren den Geschmack der Brühe.

Nach der Garzeit die Brühe durch ein feines Sieb in einen Behälter abgießen und zur Seite stellen.

ZWEIMAL POMMES

AUS DER FRITTEUSE

Vorbereitungszeit: 15 Min.
Garzeit: 10 Min.

ZUTATEN

FÜR 4 PERSONEN

1 große Karotte
2 kleine Pastinaken
4 Kartoffeln (festkochend)
¼ Kürbis
Öl zum Frittieren
Fleur de Sel

Das Gemüse schälen, Kürbis entkernen und alles der Länge nach in Stäbchen schneiden. In einem Sieb mit kaltem Wasser abspülen, abtropfen lassen und gut abtrocknen.

Ein Backblech mit Küchenpapier auslegen.

Das Frittieröl in einem Topf oder einer Fritteuse auf 170 °C erhitzen (mit einem Küchenthermometer kontrollieren). Wenn das Öl heiß ist, die Gemüsestäbchen mit einem Schaumlöffel hineinlegen. 5 Minuten frittieren, dann herausnehmen und auf das Küchenpapier legen.

Das Gemüse 5 Minuten ruhen lassen, dann nochmals 2 Minuten frittieren.

Das Gemüse erneut auf Küchenpapier abtropfen lassen, dann auf Tellern anrichten und nach Belieben mit Fleur de Sel bestreuen. Heiß servieren.

AUS DEM OFEN

Vorbereitungszeit: 15 Min.
Garzeit: 30 Min.

ZUTATEN

FÜR 4 PERSONEN

1 große Karotte
1 große Süßkartoffel
1 Aubergine
1 Zucchini
4 Kartoffeln (festkochend)
1 TL getrockneter Thymian
1 TL getrocknete Petersilie
Salz
1 gute Prise Pfeffer
80 ml Olivenöl

Das Gemüse schälen und der Länge nach in Stäbchen schneiden. In einen großen verschließbaren Gefrierbeutel füllen. Thymian, Petersilie, eiine gute Prise Salz und Pfeffer sowie das Olivenöl zufügen. Den Beutel verschließen und alle Zutaten gut vermischen. Die Gemüsestäbchen sollen ganz von Öl und Kräutern umhüllt sein.

Den Backofen auf 180 °C Ober-/Unterhitze vorheizen.

Ein Backblech mit Backpapier auslegen. Die Gemüsestäbchen auf dem Backblech verteilen, mit etwas Salz bestreuen und 30 Minuten im Ofen backen. Nach der Hälfte der Garzeit einmal wenden.

Aus dem Ofen nehmen und heiß servieren.

GERICHTE AUS ALLER WELT

KRONKS SPINATTASCHEN

KLEINE TEIGTASCHEN MIT SPINAT UND ZIEGENKÄSE

LEVEL:

VORBEREITUNGSZEIT: 20 MIN.

GARZEIT: 30 MIN.

ZUTATEN

FÜR 16 TEIGTASCHEN

2 Schalotten
1 Knoblauchzehe
1 kg frischer Spinat
Olivenöl
Salz und Pfeffer
1 Ei
300 g Frischkäse
100 g baskischer Schafskäse oder Manchego, gerieben
8 getrocknete Tomaten
400 g Blätterteig
1 Eigelb
Mehl für die Arbeitsfläche

Kronk ist nicht nur ein treuer Anhänger von Yzma, sondern auch ein Feinschmecker. Im Film bereitet er seine berühmten Spinattaschen zu. Lasse dich inspirieren ...

1. Den Backofen auf 180 °C Ober-/Unterhitze vorheizen.

2. Das Gemüse vorbereiten: Die Schalotten abziehen und fein hacken. Den Knoblauch abziehen und hacken. Den Spinat waschen, trocken schütteln, dann die harten Stiele entfernen und die Blätter grob hacken.

3. Etwas Olivenöl in einer Pfanne auf mittlerer Stufe erhitzen. Die Schalotten darin 2 Minuten anbraten, dann den Knoblauch zufügen und 2 Minuten mitbraten, aber nicht zu dunkel werden lassen. Den Spinat zugeben und leicht salzen und pfeffern. Die Pfanne abdecken und den Herd auf niedrige Stufe stellen. Den Spinat 10 Minuten dünsten, dabei regelmäßig mit einem Holzspatel umrühren. Pfanne vom Herd nehmen und zur Seite stellen.

4. Das Ei in eine Rührschüssel aufschlagen und mit dem Schneebesen verquirlen. Frischkäse und geriebenen Käse zufügen und unterrühren. Die getrockneten Tomaten hacken und zugeben. Den Spinat unterheben.

5. Den Blätterteig auf einer bemehlten Arbeitsfläche ausrollen und in 16 Rechtecke schneiden. In die Mitte jedes Teigrechtecks 1 gehäuften Esslöffel der Füllung geben. Die Teigränder anfeuchten, dann den Teig zu kleinen Taschen zusammenklappen. Die Ränder gut zusammendrücken.

6. Das Eigelb in einer kleinen Schüssel mit 1 Esslöffel Wasser verquirlen und die Teigtaschen damit bestreichen. In 15 Minuten im Ofen goldbraun backen. Heiß servieren.

WINGS NACH CASS

SCHARF GEWÜRZTE HÄHNCHENFLÜGEL

LEVEL:

VORBEREITUNGSZEIT: 15 MIN.

WARTEZEIT: 2 STD.

GARZEIT: 1 STD.

ZUTATEN

FÜR 4 PERSONEN

20 Hähnchenflügel
1 l Buttermilch oder Kefir
Olivenöl zum Braten
½ Bund frischer Koriander

FÜR DIE MARINADE

1 cm frischer Ingwer
2 Knoblauchzehen
1 TL Zwiebelpulver
1 TL Paprikapulver
½ TL Cayennepfeffer
1 TL brauner Zucker
3 EL Sojasauce
2 EL Reisessig
1 EL Sake
2 EL Tomatenmark
1 EL Sesamöl

In Baymax – Riesiges Robowabohu *lebt der junge Hiro bei seiner Tante, einer Restaurantbesitzerin, in San Fransokyo. Eine Spezialität des Hauses sind Hähnchenflügel, deren Schärfe einem die Tränen in die Augen treibt. Hier kommt das Rezept dafür.*

1

Zuerst das Fleisch vorbereiten: Die Hähnchenflügel in eine Schüssel legen und mit der Buttermilch übergießen. Die Schüssel abdecken und Fleisch mindestens 1 Stunde in den Kühlschrank stellen. Durch die Buttermilch wird das Fleisch wunderbar zart.
Die Hähnchenflügel abtropfen lassen, in einen verschließbaren Gefrierbeutel stecken und zur Seite legen.

2

Für die Marinade Ingwer und Knoblauch schälen und fein hacken. Mit den restlichen Zutaten für die Marinade in eine Schüssel geben und gut verrühren, bis eine homogene Masse entstanden ist. Diese Mischung in den Beutel zu den Hähnchenflügeln geben. Den Beutel gut verschließen und den Inhalt gründlich vermischen. Die Hähnchenflügel müssen rundum mit Marinade überzogen sein. Den Beutel 1 Stunde in den Kühlschrank legen.

3

Den Backofen auf 200 °C Ober-/Unterhitze vorheizen. Ein Backblech mit Backpapier belegen.

4

Die Kartoffeln waschen und abtrocknen, in Stäbchen schneiden und in eine Schüssel legen. Das Olivenöl, Salz, Pfeffer und Paprikapulver zufügen und alles gründlich vermischen.
Die Kartoffeln auf dem Backblech verteilen und 35 Minuten im Ofen backen.

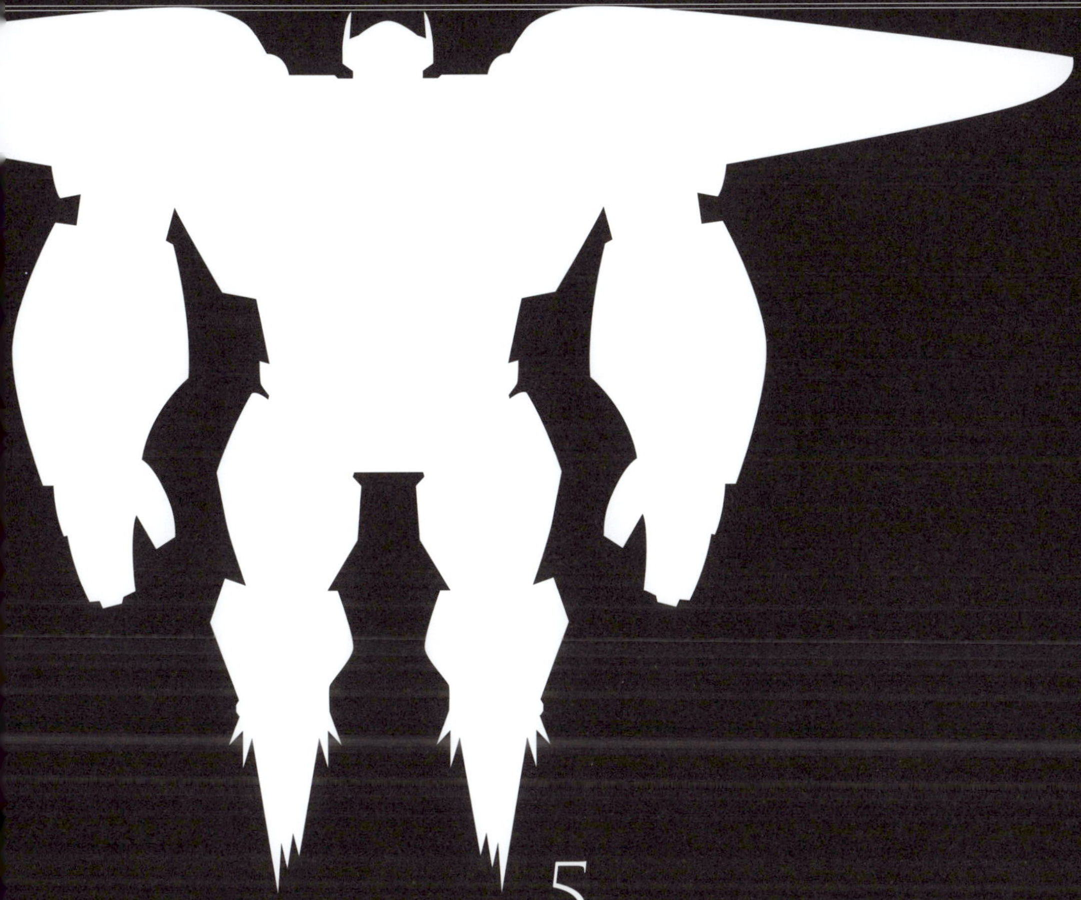

FÜR DIE
OFENKARTOFFELN

4 große Kartoffeln
3 EL Olivenöl
Salz und Pfeffer
1 Prise Paprikapulver

5

Den Beutel mit den Hähnchenflügeln aus dem Kühlschrank nehmen. Etwas Olivenöl auf hoher Stufe in einer Pfanne erhitzen. Die Hähnchenflügel darin 2 Minuten von jeder Seite anbraten, dann die Hitze reduzieren und die Flügel von jeder Seite weitere 10 Minuten braten. Dann aus der Pfanne nehmen.

6

In der Zwischenzeit die Marinade in einen kleinen Topf füllen und bei mittlerer Hitze zu einer dickflüssigen Sauce einkochen. Den Koriander waschen und hacken.

Anrichten: Pro Person 5 Wings mit 1 Portion Ofenkartoffeln servieren. Mit Koriander garnieren und die Sauce separat dazu reichen.

BLACK

DINNER FÜR VERLIEBTE

SPAGHETTI MIT FLEISCHBÄLLCHEN

LEVEL:

VORBEREITUNGSZEIT: 20 MIN.

GARZEIT: 1 STD. 10 MIN.

ZUTATEN

FÜR 4 PERSONEN

Salz
280 g Spaghetti
einige Blätter frisches Basilikum

FÜR DIE FLEISCHBÄLLCHEN

2 EL Milch
1 EL Semmelbrösel
1 EL gehackte Haselnüsse
250 g Rinderhackfleisch
200 g Wurstbrät
1 Ei
1 TL getrockneter Oregano
1 TL getrockneter Thymian
1 TL getrockneter Rosmarin
1 TL Zwiebelpulver
½ TL Salz
1 große Prise Pfeffer
einige Blätter frische Minze
2 EL Weizenmehl
1 EL Olivenöl

Romantischer als beim Abendessen im Hinterhof von Tonis Restaurant kann die Stimmung kaum sein. Damit die Spaghetti mit Fleischbällchen gelingen, erhältst du nun das Rezept dafür.

1. Zuerst die Fleischbällchen vorbereiten: Milch, Semmelbrösel und Haselnüsse in eine Schüssel geben. Hackfleisch und Wurstbrät, Ei, Oregano, Thymian, Rosmarin, Zwiebelpulver, Salz und Pfeffer zufügen und alles mit einer Gabel gründlich vermengen. Die Minze waschen, fein hacken und untermischen.

2. Die Hände mit etwas Mehl bestäuben, dann aus dem Fleischteig Bällchen von 5 cm Durchmesser formen. Etwas Mehl auf einen Teller geben und die Bällchen darin wälzen, bis sie rundherum damit bedeckt sind. Das überschüssige Mehl abklopfen.

3. Olivenöl auf hoher Stufe in einer Pfanne erhitzen. Die Fleischbällchen darin in 1–2 Minuten rundum knusprig braten. Wenn sie schön gebräunt sind, die Pfanne vom Herd nehmen und zur Seite stellen.

FÜR DIE TOMATENSAUCE

2 Schalotten

2 Zwiebeln

1 Karotte

Olivenöl

2 Knoblauchzehen

100 ml Gemüsebrühe

(siehe Seite 80)

1 l passierte Tomaten

Salz, Pfeffer

1 gestrichener TL Puderzucker

1 Bouquet garni

(siehe S. 80)

4

Für die Sauce Schalotten und Zwiebeln abziehen und hacken, die Karotte schälen und in 2 mm große Würfel schneiden.
2 Esslöffel Öl in einem Bräter auf mittlerer Stufe erhitzen. Schalotten, Zwiebeln und Karotte darin unter Rühren hell anbräunen.

5

Den Knoblauch schälen, grob zerdrücken und in den Topf geben. Gemüsebrühe und passierte Tomaten zufügen, gut umrühren und mit Salz und Pfeffer abschmecken.
Den Zucker und das Bouquet garni zugeben. Die Fleischbällchen in die Sauce legen. Die Temperatur reduzieren und den Deckel so auflegen, dass ein kleiner Schlitz offen bleibt, durch den Dampf entweichen kann. Die Sauce mit den Fleischbällchen bei geringer Hitze 1 Stunde köcheln lassen, dann Herd auf niedrigste Hitze herunterschalten und die Sauce warm halten.

6

Ausreichend Wasser mit etwas Salz in einem großen Topf zum Kochen bringen und die Spaghetti darin nach Packungsanweisung bissfest garen. Durch ein Sieb abgießen und sofort auf 4 tiefe Teller verteilen.

Fleischbällchen und Sauce auf den Spaghetti anrichten. Mit Basilikum garnieren und sofort servieren.

Buon appetito!

TONYS
RESTAURANT

SUPER
NOVA
BURGER

SUPERNOVA-BURGER VOM PIZZA-PLANETEN

BURGER MIT AVOCADO UND PIKANTER MAYONNAISE

In Toy Story *ist der »Pizza-Planet« ein Fast-Food-Restaurant mit dem Flair einer Weltraumbasis und eines amerikanischen Diners. Dort gibt es Spielautomaten und fabelhafte Burger.*

LEVEL:

VORBEREITUNGSZEIT: 20 MIN.

WARTEZEIT: 30 MIN.

GARZEIT: 10 MIN.

ZUTATEN

FÜR 4 BURGER

4 Scheiben Cheddar
4 Burger-Brötchen, selbst gemacht (siehe Seite 113) oder gekauft
Chili-Mayonnaise (siehe Seite 113)
4 TL Zwiebelchutney
einige Salatblätter, gewaschen

FÜR DIE PATTIES

2 Schalotten
250 g Kalbshackfleisch
150 g Rinderhackfleisch
1 Ei
1 TL gemahlener Kreuzkümmel
1 TL Paprikapulver
1 gegrillte rote Paprikaschote (siehe Seite 112)
Salz und Pfeffer
1 Avocado
100 g Butter

1

Für die Patties die Schalotten abziehen und hacken. Mit beiden Hackfleischsorten in eine große Schüssel geben. Ei, Kreuzkümmel und Paprikapulver zufügen und alles mit einer Gabel gründlich vermengen.
Die Paprika grob hacken und zum Fleisch geben. Mit etwas Salz und Pfeffer würzen und gut vermischen. Die Avocado schälen, den Kern entfernen und Fruchtfleisch in 2 mm große Würfel schneiden. Vorsichtig unter den Fleischteig heben.

2

Den Fleischteig abdecken und 30 Minuten in den Kühlschrank stellen. Danach mit leicht bemehlten Händen in 4 Portionen teilen, daraus flache Patties formen und diese auf die bemehlte Arbeitsfläche legen.

3

Die Butter in einer Pfanne bei starker Hitze zerlassen. Die Patties hineinlegen und von jeder Seite 30 Sekunden braten, bis sich eine schöne Kruste bildet. Die Temperatur reduzieren und die Patties von jeder Seite weitere 4 Minuten braten.

4

Pfanne vom Herd nehmen. Auf jeden Pattie eine Scheibe Cheddar legen. Die Pfanne abdecken und einen Moment zur Seite stellen.

5

Die Burger-Brötchen aufschneiden und die Innenseiten mit Chili-Mayonnaise bestreichen. Die Unterteile mit etwas Zwiebelchutney, Salatblättern und jeweils einem Pattie belegen. Die Brötchenoberteile als Deckel auflegen.

Anrichten: Die Burger mit selbst gemachten Pommes (siehe Seite 83) servieren. Die restliche Chili-Mayonnaise separat dazu reichen.

PRINZ ALIS KÖFTE

LAMMBÄLLCHEN MIT SUMACH UND GEGRILLTEM GEMÜSE

LEVEL:

VORBEREITUNGSZEIT: 20 MIN.

GARZEIT: 10 MIN.

ZUTATEN

FÜR 4 PERSONEN

2 Frühlingszwiebeln
2 Knoblauchzehen
400 g Lammhackfleisch
200 g Rinderhackfleisch
1 TL gemahlener Kreuzkümmel
1 TL gemahlener Sumach
Salz und Pfeffer
1 weiße Zwiebel
1 rote Zwiebel
einige Cocktailtomaten
1 kleine rote Paprikaschote
Olivenöl

Als der Dschinn das Gefolge von Prinz Ali beschreibt, während dieser spektakulär in Agrabah einzieht, sieht man Köche, die würzige Fleischspieße reichen. Diese solltest du unbedingt probieren, denn sie schmecken wahrhaft königlich.

1

Die Frühlingszwiebeln waschen und fein hacken. Den Knoblauch abziehen und hacken.

2

Beide Hackfleischsorten in eine Rührschüssel geben. Knoblauch, Frühlingszwiebeln sowie Kreuzkümmel und Sumach zufügen. Mit Salz und Pfeffer würzen. Alle Zutaten mit einer Gabel zu einer homogenen Masse vermengen. Schüssel in den Kühlschrank stellen.

3

Das Gemüse vorbereiten: Rote und weiße Zwiebel abziehen und in 1 cm breite Spalten schneiden. Die Tomaten waschen. Die Paprika waschen, vierteln, entkernen und würfeln.

4

Den Fleischteig aus dem Kühlschrank nehmen. Mit den Händen kleine Klöße daraus formen. Falls die Masse klebt, die Hände mit etwas Mehl bestreuen.
Die Fleischklöße abwechselnd mit Zwiebelspalten, Paprikastücken und Tomaten auf Spieße stecken. Klöße und Gemüse mit etwas Olivenöl einpinseln.

5

Den Grill oder eine Grillpfanne auf hoher Stufe erhitzen. Die Spieße darin braun anbraten, dann die Hitze reduzieren und die Spieße von jeder Seite in etwa 5 Minuten fertig braten.
Am Ende der Garzeit nach Belieben die Spieße für eine besondere Note noch mit etwas Zitronensaft beträufeln.

ABUELITAS TAMALES

TAMALES MIT MARINIERTEM HÄHNCHEN

LEVEL:

VORBEREITUNGSZEIT:
45 MIN.

WARTEZEIT:
1 STD. 20 MIN.

GARZEIT:
1 STD. 35 MIN.

ZUTATEN

FÜR 10 TAMALES

400 g Hähnchenbrust
Salz
10 getrocknete Maisblätter
Öl zum Braten

FÜR DEN TEIG

160 g Schweineschmalz
1 Prise Salz
1 Päckchen Backpulver
240 g Maismehl
300 ml Geflügelbrühe
(siehe Seite 82)

Das Rezept für Tamales wird in Mexiko von Generation zu Generation weitergegeben. Miguels Großmutter Abuelita bereitet sie regelmäßig für ihn zu, auch wenn er manchmal gern etwas anderes essen würde. Mit dieser Anleitung kannst du Abuelitas Tamales zu Hause nachkochen.

1

Zuerst das Fleisch marinieren. Die Hähnchenbrust in schmale Streifen schneiden und leicht salzen. Dann in einen verschließbaren Gefrierbeutel legen.

2

Für die Marinade Avocado schälen und entkernen. Knoblauch und Zwiebel abziehen und grob hacken. Avocadofruchtfleisch, Knoblauch, Zwiebel, Ananas- und Limettensaft, gegrillte Paprika, Tomate und 1 Spritzer Tabasco in einen Standmixer geben und 2 Minuten pürieren, bis eine glatte Sauce entsteht. Mit Salz, Pfeffer und Tabasco abschmecken.

3

Die Marinade zum Fleisch geben und den Beutel fest verschließen. Das Fleisch gut durchkneten, bis es gänzlich von Marinade bedeckt ist. Mindestens 1 Stunde in den Kühlschrank legen.

4

In der Zwischenzeit die Maisblätter vorbereiten. Wasser in einem großen Topf zum Kochen bringen. Den Topf vom Herd nehmen und die Maisblätter 30 Minuten hineinlegen, damit sie weich werden. Dann Wasser abgießen und Topf zur Seite stellen.

FÜR DIE MARINADE

1 reife Avocado
2 Knoblauchzehen
1 große Zwiebel
150 ml Ananassaft
Saft von 2 Limetten
1 rote und 1 grüne gegrillte Paprikaschote (siehe Seite 112)
1 Tomate, gewaschen
Tabasco
Salz und Pfeffer

5

Für den Teig das Schweineschmalz in die Schüssel der Küchenmaschine geben und 2 Minuten kräftig rühren, bis es cremig ist und glänzt. Das Salz unterrühren. Backpulver und Maismehl in 2 Portionen zugeben und untermischen. Der Teig ist jetzt recht trocken. Unter ständigem Rühren die Brühe zugießen und alles zu einem glatten Teig verarbeiten. Teig zu einer Kugel formen, in eine Schüssel legen, mit einem feuchten Geschirrtuch abdecken und 15 Minuten ruhen lassen.

6

Etwas Öl in einer Pfanne erhitzen. Das marinierte Fleisch darin bei mittlerer Hitze 5 Minuten braten.

7

Ein weiches Maisblatt ausbreiten. Etwas Fleisch mit Teig umhüllen und auf das Blatt legen. Das Blatt zu einem Päckchen zusammenfalten und in einen Dämpfkorb legen. Die übrigen Blätter ebenso füllen.

8

Die Tamales 1 ½ Stunden im Dampf garen, dann auf einer Platte anrichten. Vor dem Servieren 20 Minuten ruhen lassen.

VEGGIE-PIZZA

PIZZA MIT BROKKOLI UND ZIEGENKÄSE

LEVEL:

VORBEREITUNGSZEIT: 30 MIN.

WARTEZEIT: 12 STD. 10 MIN.

GARZEIT: 15 MIN.

ZUTATEN
FÜR 4 PERSONEN

FÜR DEN PIZZATEIG
125 ml lauwarmes Wasser
2 g frische Hefe
1 TL Olivenöl plus mehr für die Schüssel
150 g Weizenmehl plus mehr für die Arbeitsfläche und die Schüssel
½ TL Salz

Brokkoli-Pizza ist die Spezialität der Pizzeria in dem Viertel, in dem Riley und seine Familie sich niederlassen, nachdem sie aus Minnesota weggezogen sind. Das Backen macht Spaß, und die originelle Pizza schmeckt köstlich. Probiere es aus!

1

Mit der Zubereitung des Pizzateigs am Vortag beginnen. Wasser, Hefe und Öl in eine Rührschüssel geben und mit einem Schneebesen oder einer Gabel verrühren. Den Hefeansatz 10 Minuten zur Seite stellen.

2

In einer zweiten Schüssel Mehl und Salz vermischen. Den Hefeansatz zufügen und alles 5 Minuten mit den Händen verkneten, bis der Teig zusammenhält. 12 Minuten ruhen lassen, dann den Teig auf einer bemehlten Arbeitsfläche weitere 3–4 Minuten kneten. Zur Kugel formen. Die Rührschüssel dünn einölen und mit Mehl ausstäuben. Die Teigkugel hineinlegen. Die Schüssel mit Frischhaltefolie abdecken und über Nacht (mindestens 12 Stunden) in den Kühlschrank stellen, bis der Teig sein Volumen verdoppelt hat.

3

Am nächsten Tag den Brokkoli waschen und in kleine Röschen zerteilen. Wasser mit etwas Salz in einem Topf zum Kochen bringen. Die Brokkoliröschen darin in 10 Minuten bissfest garen, dann durch ein Sieb abgießen und in Scheiben schneiden. Zur Seite stellen.

FÜR DEN BELAG

1 kleiner Kopf Brokkoli
Salz
100 g Ziegenfrischkäse
100 g Ricotta
Pfeffer
einige Salbeiblätter
einige Stängel Petersilie
1 Kugel Mozzarella
Olivenöl
einige Blätter Basilikum

4

5 Den Backofen auf 210 °C Ober-/Unterhitze vorheizen.

6 Für die Sauce Ziegenfrischkäse und Ricotta in einer Schüssel verrühren. Mit Salz und Pfeffer würzen. Salbei und Petersilie waschen, hacken, dann unter die Käsemischung rühren. Zur Seite stellen.

7 Den Mozzarella in dünne Scheiben oder kleine Würfel schneiden.

8 Arbeitsfläche und Hände mit Mehl bestreuen. Den Pizzateig auf der Arbeitsfläche mit den Handballen zu einem dünnen Fladen mit etwas dickerem Rand ausziehen.

Den Teig auf ein mit Backpapier belegtes Backblech legen. Mit Ziegenkäsecreme bestreichen und Brokkoli und Mozzarella darauf verteilen. Mit etwas Olivenöl beträufeln und 15 Minuten im vorgeheizten Ofen backen.

Anrichten: Die Pizza mit frischen Basilikumblättern garnieren und heiß servieren.

Bon appétit!

JACK-JACKS COOKIES

COOKIES MIT SCHOKOTRÖPFCHEN UND PIMENT D'ESPELETTE

LEVEL:

VORBEREITUNGSZEIT: 15 MIN.

WARTEZEIT: 1 STD. 40 MIN.

GARZEIT: 15–20 MIN.

ZUTATEN

FÜR 16 COOKIES

200 g Weizenmehl
2 Päckchen Backpulver
1 TL Speisestärke
1 Prise Salz
170 g gesalzene Butter
100 g Zucker
150 g brauner Zucker
1 ganzes Ei + 1 Eigelb
120 g Schokotröpfchen
½ TL Piment d'Espelette

Jack-Jack, das Baby der Familie Parr, scheint zunächst keine übermenschlichen Kräfte zu besitzen, aber der Kleine ist ganz verrückt nach diesen Keksen. Wer sie einmal probiert hat, weiß, wieso.

1

Mehl, Backpulver, Speisestärke und Salz in einer Rührschüssel vermischen.
Die Butter in einem Topf zerlassen und in eine zweite Schüssel geben. Beide Zuckersorten zufügen und gut mit der Butter verrühren. Das ganze Ei und das Eigelb sorgfältig untermischen.

2

Die trockenen Zutaten zu den feuchten geben und alles mit den Händen verkneten. Schokotröpfchen und Piment d'Espelette einarbeiten. Den Teig mindestens 1 ½ Stunden im Kühlschrank ruhen lassen.

3

Den Backofen auf 180 °C Ober-/Unterhitze vorheizen und ein Backblech mit Backpapier belegen. Den Teig aus dem Kühlschrank nehmen und 16 Kugeln daraus formen. Kugeln mit Abstand zueinander auf das Backblech setzen, weil sie beim Backen zerlaufen. Cookies 15–20 Minuten im Ofen backen.

4

Die Cookies aus dem Ofen nehmen, 10 Minuten auf einem Kuchengitter abkühlen lassen, dann servieren.

HERCULADE

BELEBENDER KIRSCH-HEIDELBEER-DRINK

LEVEL:

VORBEREITUNGSZEIT:
10 MIN.

ZUTATEN
FÜR 4 PERSONEN

300 g Heidelbeeren
300 g frische Kirschen
250 ml Traubensaft
50 ml Orangensaft
3 EL griechischer Joghurt

1

Herculade ist ein belebendes Getränk, das der junge Filmheld liebt. Vielleicht möchtest du den Krafttrunk ja auch mal selbst zubereiten ...

2

Dieses Getränk ist schnell gemacht. Einfach die Früchte waschen, die Kirschen entkernen und Früchte in den Mixer geben. Trauben- und Orangensaft zufügen und alles 30 Sekunden pürieren.

Den griechischen Joghurt zufügen und weitere 30 Sekunden mixen.

Sofort servieren, damit die wertvollen Antioxidantien ihre Wirkung voll entfalten können.

GRECIAN EXPRESS

GRUNDREZEPTE

ZITRONEN-JOGHURT-SAUCE

Vorbereitungszeit: 5 Min.

ZUTATEN

500 g griechischer Joghurt
Saft von 1 Zitrone
10 Halme frischer Schnittlauch
Salz und Pfeffer

Joghurt und Zitronensaft in eine Rührschüssel geben. Den Schnittlauch waschen, hacken und zufügen. Gut durchrühren, mit Salz und Pfeffer abschmecken – fertig!

GEGRILLTE PAPRIKASCHOTEN

Du kannst zwei verschiedene Methoden ausprobieren.

IM BACKOFEN:
Den Backofen auf 200 °C Ober-/Unterhitze vorheizen.

Ein Backblech mit Backpapier belegen. Die Paprikaschoten waschen, abtrocknen, auf das Blech legen und 45 Minuten im Ofen backen, bis die Haut schwarz wird.

Die Paprikaschoten herausnehmen, fest in Alufolie einwickeln und 15 Minuten zur Seite stellen. Dann auswickeln und die Haut abziehen.

ÜBER EINER FLAMME:
Wer einen Gasherd hat, kann die Paprikaschoten direkt über der Flamme rösten, bis die Haut schwarz wird. Danach wieder fest in Alufolie wickeln, 15 Minuten warten und dann die Haut abziehen.

ERDBEERSAUCE

Vorbereitungszeit: 10 Min.

ZUTATEN

ERGIBT CA. 350 ML
250 g frische Erdbeeren
125 g Zucker
150 ml Wasser

Die Erdbeeren waschen, entstielen und halbieren. Mit dem Zucker und dem Wasser in einen Standmixer geben und 1 Minute pürieren.
Durch ein Sieb passieren, um Kerne und Stückchen zu entfernen.

BURGER-BRÖTCHEN

Vorbereitungszeit: 10 Min.
Wartezeit: 1 Std. 15 Min.
Garzeit: 15–20 Min.

ZUTATEN

FÜR 4 BRÖTCHEN

340 g Weizenmehl plus mehr für die Arbeitsfläche
1 Päckchen Trockenhefe
6 g Zucker
200 ml lauwarme Milch
55 g Butter in Stücken
1 Eigelb

Mehl, Hefe und Zucker in einer Rührschüssel gut vermischen. Die lauwarme Milch zufügen und alles mit den Fingern zu einem glatten Teig verarbeiten.

Den Teig in die Schüssel einer Küchenmaschine füllen und 2–3 Minuten kneten. Die Butter zugeben und weitere 7 Minuten kneten, bis der Teig glatt ist und glänzt. Schüssel mit einem Küchentuch abdecken und 45 Minuten ruhen lassen.

Etwas Mehl auf die Arbeitsfläche streuen. Den Teig darauf mit der Faust zusammendrücken, damit Gase entweichen. In 4 gleich große Portionen teilen und jede zu einer Kugel formen. Brötchen auf ein mit Backpapier belegtes Backblech setzen, wieder abdecken und weitere 30 Minuten gehen lassen.

Den Backofen auf 210 °C Ober-/Unterhitze vorheizen. Das Eigelb in einer Tasse verquirlen und die Teigkugeln damit einpinseln. Die Brötchen 12 Minuten im Ofen backen, bis sie goldbraun sind.

CHILI-MAYONNAISE

Vorbereitung: 10 Min.

ZUTATEN

FÜR 1 SCHÄLCHEN

3 Eigelb
2 TL Senf
Salz und Pfeffer aus der Mühle
600 ml Sonnenblumenöl
1 EL Sriracha-Sauce
Saft von ½ Limette

Achtung: Damit die Mayonnaise nicht gerinnt, müssen alle Zutaten zimmerwarm sein.

Eigelbe und Senf mit etwas Salz und Pfeffer in eine Schüssel geben und mit einem Schneebesen cremig rühren.

Unter ständigem Rühren das Öl in dünnem Strahl zugießen. Wenn die Masse schön cremig ist, die Sriracha-Sauce und den Limettensaft zugeben und einige Sekunden lang unterrühren. Fertig ist eine Mayonnaise mit feiner Chilinote.

Märchenländer und andere verzauberte Welten

»HARRYHAUSEN'S«

SUSHI MIT LACHS UND GEGRILLTER TINTENFISCH

LEVEL:

VORBEREITUNGSZEIT: 20 MIN.

WARTEZEIT: 30 MIN.

GARZEIT: 70 MIN.

Für Monster gibt es kein schickeres und beliebteres Restaurant als »Harryhausen's« Alle gehen dorthin, um köstliche Sushis zu genießen, und Bob Razowski lädt seine Liebste dorthin ein. Wer im »Harryhausen's« keinen Tisch bekommt, kann die Sushis einfach selbst zubereiten.

1

Zuerst den Reis vorbereiten: Den Reis in einem Sieb so lange abspülen, bis das Wasser klar abfließt. Den Reis mit 250 ml Wasser in einem Topf zum Kochen bringen, dann die Temperatur auf niedrigste Stufe reduzieren und den Reis 12 Minuten köcheln lassen. Den Topf vom Herd nehmen und den Reis weitere 10 Minuten quellen lassen.

2

In der Zwischenzeit Reisessig, Zucker und Salz in einem Topf erhitzen, aber nicht kochen, bis Zucker und Salz aufgelöst sind. Topf zur Seite stellen.

3

Den Reis in eine große Schüssel umfüllen und mit der Essigmischung übergießen. Vorsichtig mit einem Holzspatel umrühren, damit die Reiskörner nicht zerquetscht werden. Beim Rühren Luft zufächeln, damit der Reis schneller abkühlt. Schüssel mit einem feuchten Tuch bedecken und zur Seite stellen.

4

Den Fangarm und die Tintenfische 35 Minuten in einem Topf mit kochendem Salzwasser garen. Herausnehmen, abtropfen lassen und in einen verschließbaren Gefrierbeutel geben.

ZUTATEN
FÜR 2 PERSONEN

FÜR DEN REIS

400 g japanischer Rundkornreis
100 ml Reisessig
40 g Zucker
5 g Salz

FÜR DEN TINTENFISCH

1 großer Oktopus-Fangarm
8 kleine Tintenfische (küchenfertig)
50 ml Teriyaki-Sauce
1 TL Austernsauce
1 EL Sake
1 EL Sojasauce
Olivenöl zum Braten

FÜR DEN LACHS

1 Lachssteak
Wasabi-Paste
Sojasauce

5

Die restlichen Zutaten für den Tintenfisch zufügen und den Beutel verschließen. Den Inhalt kräftig durchkneten, bis der Tintenfisch vollständig mit der Marinade überzogen ist. 30 Minuten zur Seite stellen.

6

Etwas Olivenöl in einer Pfanne erhitzen. Den marinierten Tintenfisch darin 2 Minuten rundum scharf anbraten, dann die Temperatur auf mittlere Stufe herunterschalten und die Marinade in die Bratpfanne gießen. 2 Minuten einkochen lassen, danach alles in eine Schüssel umfüllen.

Den Lachs in dünne Scheiben schneiden. Etwas Reis zu einem Oval formen. Falls der Reis klebt, die Finger mit Essigwasser befeuchten. Einen Tupfer Wasabi-Paste auf den Reis setzen, dann eine Lachsscheibe darauflegen. Den Vorgang wiederholen, bis die Zutaten aufgebraucht sind.

Anrichten: Die Lachs-Sushis auf einer Platte anrichten und nach Belieben mit Sojasauce beträufeln. Den Fangarm in mundgerechte Stücke schneiden und mit den kleinen Tintenfischen neben die Sushis legen. Die eingekochte Sauce dazu servieren.

Itadakimasu!

KING LOUIES OBSTSALAT

OBSTSALAT AUF INDISCHE ART

LEVEL:

VORBEREITUNGSZEIT: 15 MIN.

WARTEZEIT: 30 MIN.

ZUTATEN

FÜR 4 PERSONEN

1 Bio-Blutorange
1 Vanilleschote
Saft von 2 Orangen
1 TL Agavendicksaft
1 kleine Ananas
2 Mangos
2 Bananen
2 Äpfel
2 Kiwis
Kerne von 1 Granatapfel

Wenn man King Louie zuhört, wie er für Mogli »Ich wär so gern wie du« singt, entdeckt man sein wahres Gesicht – und seine Vorliebe für Früchte. Probiere diesen leckeren Obstsalat, vielleicht bekommst du dann auch Lust zum Tanzen …

1

Zunächst das aromatische Dressing zubereiten: Die Blutorange waschen, abtrocknen, die Schale abreiben und in eine Schüssel geben. Die Blutorange ganz abschälen und mit einem Küchenmesser die Orangenfilets auslösen. Zur Seite stellen.

2

Die Vanilleschote mit einem Messer aufschlitzen und das Mark herausschaben. Den Orangensaft über die abgeriebene Blutorangenschale gießen, das Vanillemark und die Vanilleschote sowie den Agavendicksaft hinzufügen und gut verrühren. 30 Minuten in den Kühlschrank stellen.

3

Nun das Obst vorbereiten: Die Ananas schälen und klein würfeln. Die Mangos schälen, die Kerne entfernen und das Fruchtfleisch in Streifen schneiden. Die Bananen schälen und in Scheiben schneiden. Die Äpfel schälen, die Kerngehäuse entfernen und das Fruchtfleisch in Scheiben zerteilen. Die Kiwis schälen und in kleine Würfel schneiden.

4

Das Obst und die Orangenfilets in einer Schüssel vermischen und mit den Granatapfelkernen bestreuen. Mit dem aromatisierten Saft übergießen und servieren.

MUFFINS DES HUTMACHERS

BROMBEERMUFFINS MIT MINZE

LEVEL: 1

VORBEREITUNGSZEIT: 20 MIN.

GARZEIT: 20 MIN.

ZUTATEN

FÜR 10 MUFFINS

150 ml Milch
90 g Butter plus mehr für die Formen
1 Ei
150 g Zucker
150 g Weizenmehl
1 Päckchen Backpulver
1 Prise Salz
8 Tropfen rote Lebensmittelfarbe
6 Tropfen blaue Lebensmittelfarbe
Einige Blätter Minze
100 g Brombeeren

Beim Verrückten Hutmacher wird zum Tee Gebäck mit typisch britischer Note serviert – so wie diese Muffins.

1. Den Backofen auf 180 °C Ober-/Unterhitze vorheizen.

2. Milch und Butter in einem Topf auf mittlerer Stufe erhitzen, bis die Butter geschmolzen ist. Topf vom Herd nehmen.

3. Ei und Zucker in einer Rührschüssel mit einem Schneebesen schaumig schlagen. Mehl, Backpulver und Salz unterrühren.

4. Dann die Milch-Butter-Mischung zufügen und alles zu einem glatten Teig verrühren. Beide Lebensmittelfarben in einem Löffel vermischen und zum Teig geben. Die Minze waschen und fein hacken. Die Brombeeren waschen, entstielen und mit der Minze unter den Teig heben.

5. Den Teig in 10 gefettete Muffinformen oder Papierförmchen füllen und im vorgeheizten Ofen 20 Minuten backen.

Genieße die Muffins lauwarm mit einem Earl-Grey-Tee – falls du genug Zeit hast.

ARENDELLE-GUGELHUPF

SAFTIGER GUGELHUPF MIT MARONENCREME

LEVEL:

VORBEREITUNGSZEIT: 15 MIN.

GARZEIT: 35 MIN.

ZUTATEN
FÜR 6 PERSONEN

FÜR DEN TEIG
100 g Weizenmehl
70 g Kastanienmehl
1 Päckchen Backpulver
1 Prise Salz
180 g Butter plus mehr für die Form
4 Eier
100 g Zucker
100 g brauner Zucker
350 g Maronencreme
50 ml Milch

FÜR DIE GLASUR
2 Eiweiß
1 EL Puderzucker
Saft von ½ Zitrone
Saft von ½ Orange

ZUM GARNIEREN
10 glasierte Maronen
50 g geröstete Haselnüsse

Nachdem sie jahrelang keinen Kontakt hatten, treffen sich Anna und Elsa auf dem Ball, der zur Feier von Elsas Krönung veranstaltet wird, wieder. Dies ist ein Rezept für einen leckeren Kuchen aus dem Osten, der beim festlichen Bankett serviert wird.

1

Den Backofen auf 180 °C Ober-/Unterhitze vorheizen. Beide Mehlsorten, Backpulver und Salz in einer Schüssel vermischen. Zur Seite stellen.

2

Die Butter in einem Topf zerlassen, dann vom Herd nehmen und zum Abkühlen zur Seite stellen.

3

Die Eier trennen. Die Eigelbe in einer Rührschüssel mit dem Zucker schaumig schlagen. Maronencreme, Milch und zerlassene Butter mit einem Schneebesen unterrühren. Die trockenen Zutaten vorsichtig unterheben. Die Eiweiße in eine Schüssel geben und mit dem Handmixer zu Eischnee schlagen. Mit einem Teigspatel vorsichtig unter den Teig heben.

4

Die Backform mit Butter einfetten. Den Teig einfüllen und 35 Minuten im Ofen backen.

5

In der Zwischenzeit alle Zutaten für die Orangenglasur in eine Schüssel geben und mit einem Schneebesen zu einer durchscheinenden Glasur verrühren.

6

Den Kuchen aus der Form stürzen und erkalten lassen, dann mit der Glasur überziehen. Mit zerkleinerten Esskastanien und Haselnusskernen verzieren.

Anrichten: Gut schmeckt zu dem Kuchen eine Kugel Vanilleeis oder Eis mit Rumaroma.

FREUNDSCHAFTSKEKSE

INGWERKEKSE MIT ZUCKERGLASUR

LEVEL:

VORBEREITUNGSZEIT: 10 MIN.

WARTEZEIT: 15 MIN.

GARZEIT: 10–12 MIN.

Dies ist das Rezept für die Kekse mit Zuckerguss, die Prinzessin Vanellope Ralph als Zeichen ihrer Freundschaft schenkt.

1. Den braunen Zucker in eine Rührschüssel geben. Die Butter zufügen und mit einem Teigschaber sorgfältig verrühren. Das Ei kräftig untermischen.

2. Mehl, Backpulver und Gewürze einarbeiten. Den Teig zu einer Kugel formen, in Frischhaltefolie wickeln und 15 Minuten in den Kühlschrank legen.

3. Den Backofen auf 180 °C Ober-/Unterhitze vorheizen.

4. Ein Backblech mit Backpapier belegen. Etwas Mehl auf die Arbeitsfläche streuen. Den Teig darauf 5 mm dick ausrollen.
Mit einer Ausstechform Herzen aus dem Teig ausstechen und diese auf das Backblech legen. 10–12 Minuten im Ofen backen.

ZUTATEN
FÜR 6 PERSONEN

FÜR DEN TEIG

60 g brauner Zucker
100 g weiche Butter
1 Ei
240 g Weizenmehl plus mehr für die Arbeitsfläche
1 Päckchen Backpulver
½ TL gemahlener Zimt
½ TL gemahlener Ingwer
½ TL Viergewürz

FÜR DIE GLASUR

1 Eiweiß
150 g Puderzucker, gesiebt
Saft von 1 Zitrone
Blaue Lebensmittelfarbe

5

In der Zwischenzeit die Glasur zubereiten. Eiweiß und die Hälfte des Puderzuckers in einer Schüssel mit einem Schneebesen verrühren. Den Zitronensaft zugeben und alles glatt rühren. Den restlichen Puderzucker untermischen – fertig ist die weiße Glasur.

6

Die Glasur in 2 Schälchen füllen. Eine Portion mit 1 Tropfen blauer Lebensmittelfarbe einfärben. Die Glasur in kleine Spritzbeutel füllen und zur Seite stellen.

7

Die Kekse aus dem Ofen nehmen und auf einem Kuchengitter auf Zimmertemperatur abkühlen lassen. Den Umriss der Herzen mit weißer Glasur nachziehen und die Flächen mit blauer Glasur ausfüllen. Trocknen lassen, dann mit weißer Glasur auf jeden Keks *You're my Hero* schreiben. Fertig!

B.E.N.S SPEZIAL-KÄSEKUCHEN

OREO-KÄSEKUCHEN OHNE BACKEN

LEVEL: ☠☠

VORBEREITUNGSZEIT: 30 MIN.

WARTEZEIT: 5½ STD.

ZUTATEN

FÜR 6 PERSONEN

400 g Oreo-Kekse
70 g Butter
100 g Mascarpone, gekühlt
100 ml Schlagsahne, gekühlt
100 g Doppelrahm-frischkäse, gekühlt
1 TL Vanilleextrakt
60 g Zucker

B.E.N. ist ein skurriler und tollpatschiger Roboter, der im Gasthaus von Jim Hawkins' Mutter arbeitet. Im Film kommt er mit Tortenstücken aus der Küche. Mit diesem Rezept kannst auch du den Käsekuchen genießen.

1 Eine Rührschüssel oder die Schüssel der Küchenmaschine in den Kühlschrank stellen.

2 Zuerst die Oreo-Kekse auseinandernehmen, die Creme herausschaben, in eine Rührschüssel geben und in den Kühlschrank stellen. Die Kekse (ohne Creme) in eine zweite Schüssel zerbröseln und zur Seite stellen.

3 Die Butter in einem Topf zerlassen, über die zerkleinerten Kekse gießen und alles gut verrühren, bis eine bröselige Masse entsteht. Die Brösel in 2 Portionen auf ein Backblech geben. Eine Portion zu einem Boden in der Größe einer Springform formen und fest zusammendrücken. 30 Minuten in den Kühlschrank stellen.

4 Die zweite Portion Brösel auf dem Boden einer Springform verteilen und gut andrücken. Die Form ebenfalls 30 Minuten in den Kühlschrank stellen.

5 Die Rührschüssel oder die Schüssel der Küchenmaschine aus dem Kühlschrank nehmen. Mascarpone, Sahne, Frischkäse und die Oreo-Creme hineingeben. Vanilleextrakt zufügen und alles 1 Minute kräftig verrühren. Danach unter ständigem Rühren den Zucker einrieseln lassen. Weitere 2 Minuten aufschlagen, bis eine luftige Creme entsteht.

6 Die Springform aus dem Kühlschrank nehmen. Den Rand mit Backtrennfolie auskleiden. Die Hälfte der Creme in die Form geben und den gekühlten Boden daraufsetzen. Die restliche Creme gleichmäßig darauf verteilen.

Den Kuchen vor dem Servieren mindestens 4½ Stunden in den Kühlschrank stellen.

HONIGTORTE

TORTE MIT HONIG UND BLÜTEN

LEVEL:

VORBEREITUNGSZEIT: 15 MIN.

GARZEIT: 35 MIN.

ZUTATEN

FÜR 6 PERSONEN

FÜR DEN TEIG

4 Eier
1 Prise Salz
200 g Zucker
200 g Weizenmehl
150 g Butter, zerlassen und abgekühlt plus mehr für die Form
1 Päckchen Backpulver
1 TL gemahlener Ingwer
3 EL Blütenhonig

ZUM GARNIEREN

300 g Mascarpone
2 EL flüssiger Honig
100 g kandierte Früchte
essbare Blüten

1
Jeder weiß, dass Puuh der Bär ganz verrückt nach Honig ist. Im Film teilen sich Winnie und Ferkel einen köstlichen Honigkuchen. Hier kommt das Rezept dafür.

2
Den Backofen auf 180 °C Ober-/Unterhitze vorheizen.

3
Eine Springform mit Butter einfetten. Für den Teig die Eier trennen. Die Eiweiße mit dem Salz in eine Schüssel geben und mit dem Handmixer zu steifem Eischnee schlagen. Zur Seite stellen.

4
In einer zweiten Schüssel Zucker und Eigelbe schaumig aufschlagen. Unter ständigem Rühren Mehl, geschmolzene Butter, Backpulver, Ingwer und Honig zugeben, dann den Eischnee unterheben, sodass eine homogene, luftige Masse entsteht.
Den Teig in die Form füllen und 35 Minuten im Ofen backen.

In der Zwischenzeit die Honigcreme zubereiten. Den Mascarpone in einer Rührschüssel aufschlagen, dabei den Honig langsam zugeben und unterrühren.

Anrichten: Den Kuchen aus der Form nehmen und abkühlen lassen. Die Honigcreme auf der Oberfläche verteilen und mit kandierten Früchten und essbaren Blüten garnieren. Fertig!

JUDY HOPPS KUCHEN

MÖHRENKUCHEN

LEVEL:

VORBEREITUNGSZEIT: 20 MIN.

GARZEIT: 35 MIN.

WARTEZEIT: 45 MIN.

ZUTATEN

FÜR 4 PERSONEN

FÜR DEN TEIG

250 g Weizenmehl
2 gestrichene TL gemahlener Zimt
1 gestrichener TL gemahlener Ingwer
2 Päckchen Backpulver
1 Prise Salz
4 Eier
100 g weißer Zucker
50 g brauner Zucker
20 ml brauner Rum
150 ml Pflanzenöl
400 g Möhren, fein geraspelt
30 g Haselnusskerne
30 g Mandelkerne
Butter für die Form

FÜR DIE GLASUR

120 g Mascarpone
60 g weiche Butter
1 EL Maronencreme
80 g Puderzucker

Wer den Film gesehen hat, weiß, dass die Hopps eine Leidenschaft für Möhren in allen Zubereitungsformen haben. Dieses Rezept für einen fein duftenden Möhrenkuchen ist eine Hommage an Judys Familie!

1

Den Backofen auf 180 °C Ober-/Unterhitze vorheizen.

2

Für den Teig Mehl, Zimt, Ingwer, Backpulver und Salz in eine große Rührschüssel geben und gründlich vermischen.

3

Die Eier in einer zweiten Schüssel mit Zucker und Rum zu einer glatten Masse verrühren. Unter ständigem Rühren langsam das Pflanzenöl einarbeiten. Die trockenen Zutaten in 3 Portionen mit der Eiermischung vermengen, dann die geraspelten Möhren nach und nach untermischen. Die Nüsse und Mandeln grob hacken und unter den Teig heben.

4

Eine Backform einfetten und den Rand mit einem Streifen Backpapier auskleiden. Den Teig in die Form füllen und 35 Minuten im Ofen backen.

5

Der Kuchen ist gar, wenn an einer mittig eingestochenen trockenen Messerklinge beim Herausziehen keine Teigreste haften bleiben. Kuchen aus dem Ofen nehmen und abkühlen lassen.

6

In der Zwischenzeit die Glasur zubereiten. Den Mascarpone mit Butter und Maronencreme in eine Rührschüssel geben und mit dem Handmixer in 1 Minute zu einer glatten Creme verarbeiten.

7

Dann den Puderzucker auf niedriger Stufe einrühren, bis eine glänzende Glasur entsteht. Den kalten Kuchen mit der Glasur bestreichen und vor dem Verzehr mindestens 45 Minuten in den Kühlschrank stellen.

KLEINE KRÄUTERKUNDE

Dill

Das Aroma dieses Krauts erinnert an Fenchel und Anis. Dill wird vor allem für Fischgerichte verwendet.

Basilikum

Frisch sind die Blätter des Basilikums am aromatischsten. Es kommt häufig in der italienischen und mediterranen Küche zum Einsatz.

Schnittlauch

Schnittlauch wird meist roh und in Röllchen geschnitten verwendet und entfaltet sein Aroma am besten, wenn er frisch verzehrt wird. Er ist gut geeignet zum Verfeinern von Salaten und Saucen, aber auch für ein klassisches Omelett.

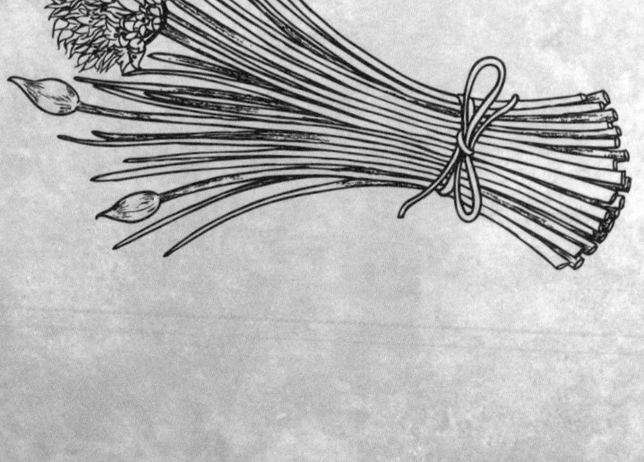

Koriander

Koriander erinnert vom Aussehen an glatte Petersilie, hat aber einen sehr eigenen Geschmack, der in der asiatischen, nahöstlichen und südamerikanischen Küche geschätzt wird. Du kannst Suppen, Brühen, aber auch gegrilltes Fleisch damit würzen.

Estragon

Die krautige aromatische Pflanze wird zum Aromatisieren von Suppen, einfachen Gerichten und Fleisch verwendet – vorzugsweise frisch, selten getrocknet. Estragon verleiht berühmten Saucen wie der Béarnaise oder der Ravigote sein Aroma.

Lorbeer

Es gibt verschiedene Arten von Lorbeerbäumen. In der Küche kommt der Gewürzlorbeer zum Einsatz, der im Mittelmeerraum beheimatet ist. Er dient vor allem zum Aromatisieren von Saucen und Brühen. Getrocknete Lorbeerblätter gehören in ein Bouquet garni.

Minze

Die aromatische Pflanze wird zum Kochen, aber auch für Cocktails und andere Getränke verwendet. Es gibt viele verschiedene Sorten und Einsatzbereiche. In der Küche unterstreicht sie mit ihrer Frische den Geschmack von Rohkost, Saucen und Salaten ebenso wie von Desserts, Obstsalaten, Cremes und Mousses.

Petersilie

Krause und glatte Petersilie sind in der französischen und südeuropäischen Küche sehr beliebt. Kombiniert mit Knoblauch ist das Kraut wichtiger Bestandteil von Petersilienbutter, wird aber auch zum Würzen von Saucen, Salaten und Fleischgerichten verwendet.

Oregano

Oregano gehört zu den Kräutern der Provence. Die aromatische Pflanze wird meist getrocknet. In der mediterranen Küche dient Oregano zum Aromatisieren von Saucen.

Rosmarin

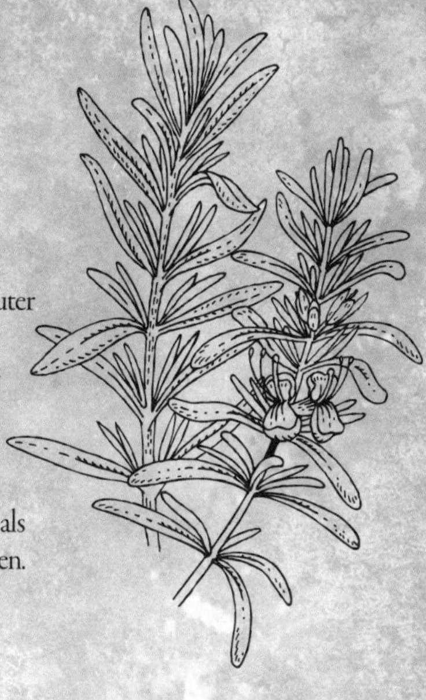

Rosmarin ist eines der Kräuter der Provence (ebenso wie Salbei, Thymian und Estragon). Sein Aroma ist mild, aber unverwechselbar. Er ähnelt dem Weihrauch und passt sowohl zu süßen als auch zu herzhaften Rezepten.

Salbei

Eine kräftige Gewürzpflanze mit einem leicht bitteren Geschmack. Salbei wird gern zum Würzen von hellem Fleisch (z. B. Kalb) verwendet.

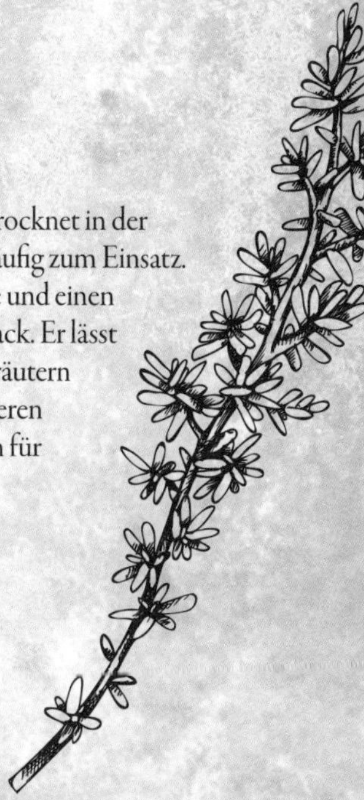

Thymian

Kommt frisch oder getrocknet in der mediterranen Küche häufig zum Einsatz. Er hat eine bittere Note und einen leicht erdigen Geschmack. Er lässt sich gut mit anderen Kräutern wie Rosmarin kombinieren und ist eine der Zutaten für ein Bouquet garni.

REGISTER

A

B

C

D

E

T

V

W

Z

Ich möchte allen danken, die an der Entstehung dieses für mich so besonderen Buches mitgewirkt haben.

Ein großes Dankeschön geht an meine Frau Berengère, die mich seit meinem ersten Buch mit ihrem Talent und ihren Ratschlägen begleitet und mich zu einem besseren Menschen und Koch macht. Ich freue mich darauf, mit meinem Sohn Henriall diese Animationsfilme zu entdecken und diese Rezepte nachzukochen.

Danke an meine Familie, meine Mutter und meinen Vater, von denen ich viel lernen durfte, für ihre Liebe und Begeisterungsfähigkeit. Danke an meine kleine Schwester, deren Ratschläge immer klug und ehrlich sind. Ich liebe euch.

Danke an meine Freunde Adrien, Satoru, Anna und Julien, die ich leider nicht so oft sehe, wie ich es mir wünschen würde. Danke auch an Romane, mit der ich viel Zeit damit verbracht habe, all diese Filme zu sichten und zu sammeln. Ich vermisse diese Momente.

Danke an meine Mentoren und Freunde, Olivier und Marcus, die Kenner der Popkultur, die mir in den letzten Jahren so viel gegeben haben. Ein ganz besonderer Dank geht an Maxime, Kollege, Chefredakteur und Anlaufpunkt im Jahr 2019. Danke für deine klugen Ratschläge, die mich als Rezeptentwickler vorangebracht haben.

Danke schließlich an Soizic und Nicolas, die mit Leidenschaft und Energie meine Rezepte und die Welten, die in meinem Kopf existierten, zum Leben erweckt haben.

Danke an Catherine, Antoine und Anne vom Verlag Hachette Heroes für das Vertrauen, das sie mir nun schon seit mehreren Jahren entgegenbringen. Danke an euch und an Sophie von Disney France, dass ihr mir die fantastische Aufgabe anvertraut habt, ein so wunderbares Kochbuch zu erstellen.

Danke an alle Verantwortlichen von Hachette Heroes, die dieses Buch bis zu den Lesern bringen und ihm Bekanntheit verleihen.

Thibaud Villanova

Bibliografische Information der Deutschen Nationalbibliothek
Die Deutsche Nationalbibliothek verzeichnet diese Publikation in der Deutschen Nationalbibliografie.
Detaillierte bibliografische Daten sind im Internet über https://dnb.de abrufbar.

Für Fragen und Anregungen
info@m-vg.de

Wichtiger Hinweis
Ausschließlich zum Zweck der besseren Lesbarkeit wurde auf eine genderspezifische Schreibweise sowie eine Mehrfachbezeichnung verzichtet. Alle personenbezogenen Bezeichnungen sind somit geschlechtsneutral zu verstehen.

3. Auflage 2025

Türkenstraße 89
80799 München
Tel.: 089 651285-0

Die französische Originalausgabe erschien 2019 bei Hachette-Livre unter dem Titel *Les recettes enchantées Disney*.

Übersetzung: Wiebke Krabbe
Redaktion: Caroline Kazianka
Umschlaggestaltung: Isabella Dorsch
Fotografien: Nicolas Lobbestaël
Styling: Soizic Chomel de Varagnes
Abbildungen: Shutterstock (stockphoto mania, r.classen, Tendo, Vectorchoice, Julietphotography, lavendertime)
Satz: inpunkt[w]o, Wilnsdorf (www.inpunktwo.de)
Druck: Toppan Leefung Printing Limited, Dongguan
Printed in China

ISBN Print 978-3-7423-2105-3